POLYGLOTT on tour

Stockholm

Die Autoren

Rasso Knoller
arbeitet seit über 20 Jahren als Journalist und Sachbuchautor und hat bisher über 50 Bücher veröffentlicht. Seine Vorliebe für Nordeuropa führt ihn immer wieder auch nach Stockholm.

Christian Nowak
arbeitet ebenfalls seit mehr als 20 Jahren als Journalist, Fotograf und Buchautor. Von ihm sind inzwischen mehr als 30 Bücher erschienen.

Die Autoren gehören dem Berliner Journalistenbüro »Die Reisejournalisten« (www.die-reisejournalisten.de) an, haben zusammen schon einige Bücher über Skandinavien verfasst und betreiben ein Internetreiseportal (www.weltreisejournal.de).

Das System der POLYGLO

Auf Ihrer Reise weisen Ihnen die Polyglott-Sterne den Weg zu den bedeutendsten Sehenswürdigkeiten aus Natur und Kultur. Für die Vergabe orientieren sich Autoren und Redaktion am UNESCO-Welterbe.
*** eine Reise wert   ** einen Umweg wert   * sehr sehenswert

Unsere Preissymbole bedeuten:

Hotel (DZ)		Restaurant (Hauptgericht)	
●●●	über 2000 SEK	●●●	ab 350 SEK
●●	1000 bis 2000 SEK	●●	200 bis 350 SEK
●	bis 1000 SEK	●	bis 200 SEK

POLYGLOTT **Top 12** .... Umschlag vorne

Reiseplanung

Die Stadtviertel im Überblick 8
Die schönsten Touren 9
Touren und Ausflüge – Übersicht 17
Klima und Reisezeit 18
Anreise 19
Stadtverkehr 20
Unterkunft 22
 Special Kinder 27
Essen und Trinken 29
Shopping 35
Am Abend 39
 Special Sport 42

Land & Leute

Steckbrief Stockholm 46
Geschichte im Überblick 48
Natur und Umwelt 51
Die Menschen 52
Kunst und Kultur 54
Feste und Veranstaltungen 58

Unterwegs in Stockholm

Gamla stan 62
Stockholms historische Mitte 63

Der Norden 74
Norrmalm Süd & Skeppsholmen 76
Norrmalm Nord & Hagapark 88
Spaziergang auf Kungsholmen 91
Ladugårdsgärdet & Östermalm 94
 Special Design 102

Djurgården 104
Spaziergang auf Djurgården 105

Södermalm	117
Rundtour durch Södermalm	118

Ausflüge	126
Naturhistoriska riksmuseet & Cosmonova	127
Millesgården	127
Drottningholms slott	128
Globen/Ericsson Globe	129
Skogskyrkogården	130
Vaxholm	130
Fjäderholmarna	132
Birka	132
Mariefred – Schloss Gripsholm	133
Sigtuna	134
Uppsala	135

Infos von A–Z	138
Register	141
Mini-Dolmetscher	144

Echt gut!

Stockholmer Hotels mit Flair	26
Die schönsten Restaurants am Wasser	32
Die besten Nightlifeadressen	41
Kostenloser Kunstgenuss	81
Stockholms Schlösser	116
Die Stadt von oben	125

Karten

Übersichtskarte	4
Gamla stan	65
Der Norden	78
Östermalm	96
Djurgården	108
Södermalm	120
Ausflüge	131
Verkehrsnetzplan	Umschlag hinten

Reiseplanung

Die Stadtviertel im Überblick][Die schönsten Touren][Klima & Reisezeit][Anreise][Stadtverkehr][Unterkunft][Essen & Trinken][Shopping][Am Abend

Die Stadtviertel im Überblick

Die Stadtgründer Stockholms müssen im Immobiliengewerbe tätig gewesen sein, denn den Leitspruch der Makler, der besagt, dass die Lage den Wert eines Hauses ausmacht, beherzigten sie zu einhundert Prozent. Für die Gründerväter war zwar weniger die Optik, sondern eher die strategische Position zwischen Mälarsee und Ostsee ausschlaggebend, doch das ändert nichts daran, dass sie ihre Stadt im 13. Jh. an einem der schönsten Orte des Landes gründeten.

Gamla stan ist, wie der Name nahelegt, der älteste Teil der Stadt. Hier findet man das Flair, das man in den Neubaugebieten Norrmalms vergebens sucht. Deswegen ist die Altstadt auch der Favorit der Touristen. Die kommen hierher, um sich das Schloss anzusehen, am gemütlichen Stortorget einen Kaffee zu trinken oder einfach durch die engen Gassen zu schlendern.

Im **Norden** befindet sich im Bezirk **Norrmalm** das heutige Stadtzentrum. Hier liegen der Hauptbahnhof und die meisten großen Kaufhäuser samt der Fußgängerzone Drottninggatan. Aber auch viele Unternehmen haben hier ihre Büros. In Norrmalm schlägt das Herz des modernen Stockholms. In den sechziger und siebziger Jahren des 20. Jhs. schufen hier übermotivierte Städtebauer im Betonwahn ein neues Stockholm, in dem nicht mehr viel vom alten Charme der Stadt zu sehen war. Doch nicht überall durfte die Abrissbirne wüten – in den Vierteln abseits des Geschäftszentrums blieb noch viel des alten Stockholms erhalten. **Kungsholmen,** der Stadtteil, der sich westlich ans Zentrum anschließt, ist beliebt zum Wohnen. Touristen kommen hierher meist nur, um sich das Stadshuset anzusehen oder um am Stadshuskajen an Bord eines Ausflugsboots zu steigen, das zu Touren auf dem Mälarsee ablegt. Östlich des Zentrums, in **Östermalm,** leben traditionell die etwas Reicheren – mit Wohnungen am Strandvägen lassen sich die höchsten Immobilienpreise der Stadt erzielen. Wer hier wohnt, kann vom Fenster auf die beliebten Schiffsrestau-

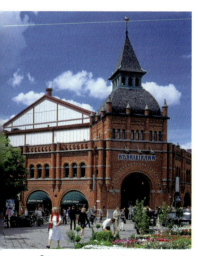

Östermalms saluhall

rants blicken. Die Markthalle Östermalms saluhall ist stockholmweit für ihr Angebot bekannt, hierher kommen auch Menschen aus anderen Stadtteilen zum Einkaufen.

Für viele Touristen ist Östermalm aber nur Durchmarschgebiet in Richtung **Djurgården**. Die große Insel mit ihren Parks und Museen ist nämlich für Einheimische und Fremde gleichermaßen ein Anziehungspunkt. Hier liegen mit Skansen und dem Vasamuseet zwei der meistbesuchten Sehenswürdigkeiten Stockholms.

Südlich des Zentrums, auf einer großen Insel, liegt der Stadtteil **Södermalm**. Früher lebten hier ausschließlich Arbeiter, heute haben aber auch Künstler, Studenten und Intellektuelle das Viertel für sich entdeckt. Kneipen, Restaurants, Galerien und jede Art alternativer Kunstprojekte sind das Markenzeichen von Söder – das »malm« im Wort verwendet der echte Stockholmer nicht. Södermalm bietet zwar nur wenige Drei-Sterne-Sehenswürdigkeiten, ist aber zurzeit sicherlich der spannendste Bezirk Stockholms.

Die schönsten Touren

Stockholm mit dem Schiff erkunden

Nybroplan › Kungliga Dramatiska teatern › Strandvägen › Vasamuseet › Skeppsholmen › Djurgården › Fotografiska › Fjällgatan › Katarinahissen › Den Gyldene Freden/Österlånggatan › Kungliga slottet › Storkyrkan › Stortorget › Nybroplan

Dauer:
Mit wenigen Besichtigungen mind. ½ Tag, bei ausführlichem Besichtigungsprogramm ist auch ein ganzer Tag nicht zu viel.

Verkehrsmittel:
Im Sommer legen die Hop-on-Hop-off-Boote von 10–17 Uhr alle 20–30 Min. von Nybroplan ab. Haltestellen: Vasamuseet, Tivoli Gröna Lund, Viking Line Fährhafen, Fotografiska, Gamla stan, Kungliga slottet, Nybroplan. Die komplette Runde dauert ca. 1 Std. Ein 24-Std.-Ticket kostet 100 SEK. Weitere Infos unter www.stromma.se.

Die schönsten Touren

Auf der 165 m langen Skeppsholmsbron mit der Goldenen Krone

Oft wird die schwedische Hauptstadt als »Venedig des Nordens« oder »Stadt auf dem Wasser« bezeichnet. Durchaus zu Recht, denn Stockholm ist auf 14 Inseln im Mälarsee und dem Ostseeausläufer Saltsjön erbaut. Warum also nicht Stockholm vom Wasser aus erkunden?

Bevor man am **Nybroplan** zwischen den Stadtteilen Norrmalm und Östermalm das Hop-on-Hop-off-Boot besteigt, lohnt ein kleiner Spaziergang: Nur wenige Schritte entfernt, liegt das ***Kungliga Dramatiska teatern** ❯ S. 100, kurz Dramaten genannt, das schwedische Nationaltheater. Es ist leicht an seiner ornamentierten Fassade aus weißem Marmor und den goldenen Skulpturen zu erkennen. Am Theater beginnt der ***Strandvägen** ❯ S. 100, eine der schönsten Flaniermeilen der Stadt direkt am Wasser. In der Nähe des Dramaten bietet das Traditionsgeschäft **Svenskt Tenn** ❯ S. 35 eine große Auswahl schwedischen Designs.

Jetzt bringt einen das Boot in wenigen Minuten hinüber nach **Djurgården** ❯ S. 104. Auf der Fahrt sind linker Hand die prächtigen Häuser am Strandvägen, rechter Hand Blasieholmen und Skeppsholmen zu sehen. Direkt am Anleger befindet sich das *****Vasamuseet** ❯ S. 107, das schon aus der Ferne an den drei stilisierten Masten zu erkennen ist, die samt Takelage aus dem Dach ragen.

Die Überfahrt vom Vasamuseet nach **Skeppsholmen** ❯ S. 85 dauert nur wenige Minuten. Ein kurzer Spaziergang auf der kleinen Insel führt zum **Kastellet** ❯ S. 87, zum historischen Segelschiff **af Chapman** ❯ S. 87 und schließlich zum ****Moderna museet** ❯ S. 86, das eine beeindruckende Kunstsammlung des 20. Jhs. beherbergt.

Dann geht es wieder zurück nach Djurgården, zur Anlegestelle am Freizeitpark ***Gröna Lund** ❯ S. 114. Innerhalb weniger Hundert Meter zu Fuß liegen auch der Haupteingang des Freilichtmuseums *****Skansen** ❯ S. 112, ****Liljevalchs konsthall** ❯ S. 111 und das ***Aquaria** ❯ S. 111.

Die schönsten Touren

Die nächste Bootspassage zum anderen Ufer des Saltsjön und zum Anleger der großen Fähren der Viking Line in **Södermalm** ❯ S. 117 dauert etwas länger. Bei diesem Halt kann man getrost sitzen bleiben und erst am ****Fotografiska** ❯ S. 124 aussteigen, wo man sich in Ruhe das größte Fotografische Museum Nordeuropas anschauen sollte. Wer danach noch gut zu Fuß ist, kann über die »Söderbergs trappor« hinauf zur **Fjällgatan** ❯ S. 124 gehen und wird dafür mit einem Blick über Stockholm belohnt.

Als Nächstes hält das Boot am südlichen Ende von Gamla stan bei Slussen. Am nahen Steilufer von Södermalm ist der historische Aufzug **Katarinahissen** ❯ S. 119 zu sehen, der Besucher bequem zum beliebten Aussichtsrestaurant Gondolen bringt. Von der Anlegestelle ist es nicht weit zur Österlånggatan, einer belebten Einkaufsstraße inmitten von **Gamla stan** ❯ S. 62, in der auch eines der ältesten Restaurants der Stadt, **Den Gyldene Freden** ❯ S. 70, liegt.

Ein weiterer Stopp der Sightseeingboote auf Gamla stan befindet sich direkt am *****Kungliga slottet** ❯ S. 64. In dem Renaissancegebäude mit über 600 Zimmern können die Königlichen Gemächer, die Schatzkammer, das Museum Tre Kronor, die Schlosskirche sowie das Antikenmuseum von Gustav III. besichtigt werden. Auch die tägliche **Wachparade** ❯ S. 67 ist ein Höhepunkt für viele Stockholmbesucher.

Gleich gegenüber befindet sich das **Kungliga myntkabinettet** ❯ S. 67 und auch zur **Finska kyrkan** ❯ S. 67 ist es nicht weit. Neben dem Königlichen Schloss, auf dem Slottsbacken, liegt die ****Storkyrkan** ❯ S. 68, eine der ältesten Kirchen der Stadt und Krönungs- und Hochzeitskirche des Königshauses.

Ein kleines Stück südlich vom Schloss liegt der ****Stortorget** ❯ S. 69, der bis zum 18. Jh. der zentrale Marktplatz der Stadt war. Er ist eingerahmt von prächtigen Kaufmannshäusern aus dem 17. und 18. Jh.; in einem der Gebäude ist das ***Nobelmuseum** ❯ S. 69 untergebracht. Hier laden Bänke und diverse Restaurants zum Verweilen ein.

Zurück an der Anlegestelle beim Schloss besteigt man ein letztes Mal das Boot zurück nach Nybroplan und fährt zwischen Skeppsholmen und Blasieholmen am *****Nationalmuseet** ❯ S. 84 vorbei. Der eindrucksvolle Bau wurde Mitte des 19. Jhs. nach Plänen von Friedrich August Stüler, der auch für den Bau des Neuen Museums in Berlin verantwortlich war, errichtet.

Der Djurgårdsbrunnskanalen

Die schönsten Touren

Auf den Spuren von Stieg Larsson und der Millenniumtrilogie

> Wohnung von Mikael Blomkvist/Bellmansgatan 1 › Montelius-
> vägen › Mellqvist Kaffebar/Hornsgatan 78 › Maria Magdalena
> kyrka › Kafe/St. Paulsgatan 17 › Redaktionsräume der Zeit-
> schrift Millennium/Götgatan/Ecke Hökens gatan › 7-Elven-
> Laden/Götgatan 25 › Restaurant Kvarnen/Tjärhovsgatan 4 ›
> Wohnung von Lisbeth Salander/Fiskargatan 9

Dauer:
2–3 Std.

Verkehrsmittel:
Ausgangs- und Endpunkt ❶ Slussen.

Weltweit wurden Millionen Bücher von Stieg Larssons Kriminalromanen »Millenniumtrilogie«, die in Deutschland unter den Titeln »Verblendung«, »Verdammnis« und »Vergebung« erschienen, verkauft. In Stockholm können Touristen auch an einer vom Stadtmuseum veranstalteten Führung zu den Originalschauplätzen teilnehmen › S. 119.

Der perfekte Ausgangspunkt für diese Stadtwanderung ist die **Bellmansgatan 1** › S. 119 im Stadtteil Södermalm. Hier lebte nämlich Mikael Blomkvist, der Journalist, der in Larssons Büchern die Hauptrolle spielt. Anders als im Roman fehlt allerdings in der Realität in der Bellmansgatan eine Eingangstür. Die wirklichen Bewohner verlassen das Haus in Richtung Bastugatan. Für die schwedische Verfilmung der Bücher, mit Michael Nykvist und Noomi Rapace in den Hauptrollen, wurde Blomkvists Wohnort deswegen etwa 50 m die Straße hinauf verlegt.

Wenige Meter die Bastugatan hinauf zweigt der Fußweg ****Monteliusvägen** › S. 120 von der Straße ab und führt in wenigen Schritten zu einem der schönsten Aussichtspunkte der Stadt. Von hier blickt man hinab auf Gamla stan, die Riddarholmkyrkan und das Stadshuset – und für Larsson Fans besonders wichtig: auf das **Rådhuset** › S. 93. Man erkennt es an dem viereckigen Turm mit dem grünen Dach. Hier fand in »Verblendung« die Gerichtsverhandlung statt, in der Blomkvist wegen Verleumdung verurteilt wurde.

Am Ende der Bastugatan erreicht man eine Brücke, die Lundabron, und damit das Haus, in dem Lisbeth Salander aufgewachsen ist. Nur wenige Schritte entfernt, in der Hornsgatan 78, liegt die **Mellqvist Kaffebar,** eines der Lieblingscafés von Mikael Blomkvist. Übrigens hat auch der Autor Stieg Larsson hier gerne seinen Kaffee getrunken. In der Hollywoodverfilmung wurden aber die Kaffeehausszenen an anderen Orten gedreht. Hinter der **Maria Magdalena kyrka** › S. 121 am Ostende der Hornsgatan – auch sie hat einen kurzen Auftritt in der Verfilmung – liegt in der St. Paulsgatan 17 (Ecke Kvarngatan) das Kaffeehaus mit dem vielsagenden Namen **Kaffe**. Dort lohnt auch ein Besuch für den normalen Kaffeetrinker – der Cappuccino ist ausgezeichnet.

Stockholms Wahrzeichen: das Stadshuset auf Kungsholmen

In der Götgatan/Ecke Hökens Gata liegen die **Redaktionsräume** der Zeitschrift »Millennium«, deren Chef Blomkvist war. Im Buch befinden sich die Räume über einem Büro von Greenpeace. Das ist aber inzwischen umgezogen, und seit Mitte 2011 bietet ein Designladen im Erdgeschoss seine Waren an.

Aufmerksame Leser von Larssons Romanen werden in der **Götgatan** › S. 121 auch den 7-Elven-Laden suchen, in dem Lisbeth Salander immer einkaufte. Sie finden ihn in der Götgatan 25. Die Straße gehört im Übrigen zu den großen Einkaufstraßen der Stadt. Die Geschäfte hier bieten im Vergleich zum Stadtteil Norrmalm oft günstigere Preise.

Weiter geht der Weg in Richtung Süden, die Götgatan entlang, bis man auf Höhe des **Medborgarplatsen** › S. 121 in die Tjärhovsgatan abbiegt. Dort erreicht man nach wenigen Schritten bei der Hausnr. 4 das **Restaurant Kvarnen** › S. 122. Hier waren sowohl Mikael Blomkvist als auch Lisabeth Salander häufig zu Gast. Auch die berühmte Szene, in der Salander ihre Geliebte Miriam Wu unter dem Beifall der anderen Gäste küsst, spielt in diesem Restaurant.

Zum Abschluss des Rundgangs lohnt sich für die richtigen Fans noch ein Abstecher in die Fiskargatan 9, in der Nähe des **Mosebacke torg** › S. 125. Dort hatte Lisbeth Salander im obersten Stockwerk eine noble Wohnung mit Blick über Stockholm gekauft. Auf dem Namensschild an der Tür steht »V. Kulla« – für Schweden ein eindeutiger Verweis auf die »Villa Villekulla«, wie Pippi Langstrumpfs »Villa Kunterbunt« auf Schwedisch heißt. Auch wenn Salander auf den ersten Blick wenig mit Pippi Langstrumpf gemein zu haben scheint, diente Astrid Lindgrens Figur Larsson doch als Vorbild: sowohl Pippi als auch Lisbeth sind Frauengestalten, die auf ungewöhnliche Weise gegen die herrschenden Verhältnisse rebellieren.

Drei Tage in Stockholm

> Birger Jarlsgatan › Stureplan › Östermalms saluhall › Musik- och teatermuseet › Hovstallet › Strandvägen › Djurgårdsbron › Historiska museet › Strandvägen › Museiparken › Thielska Galleriet › Prins Eugens Waldemarsudde › Skansen › Vasamuseet › Skeppsholmen/Moderna museet › Nationalmuseet › Kungsträdgården › Nordiska Kompaniet › Kulturhuset › Stadshuset › Riddarholmskyrkan › Kungliga slottet › Storkyrkan › Västerlånggatan › Stortorget › Den Gyldene Freden

Dauer:
Reine Gehzeit 10–12 Std., verteilt auf drei ganze Tage (montags haben viele Sehenswürdigkeiten geschlossen!)

Verkehrsmittel:
1. Tag: Ausgangspunkt ⓣ Östermalmstorg, Endpunkt Strandvägen; **2. Tag:** Ausgangspunkt ⓣ Kungsträdgården, Endpunkt Skeppsholmen; **3. Tag:** Ausgangspunkt Nationalmuseet, Endpunkt ⓣ Slussen. Die Tour wird überwiegend zu Fuß und mit der Fähre (vom Vasamuseet nach Skeppsholmen) zurückgelegt; am zweiten Tag kann man ab Strandvägen aber auch bis zum Museumspark und von dort bis zur Thielska Galleriet den Bus 69 nehmen.

An drei Tagen schafft man zwar nicht alle Sehenswürdigkeiten der Stadt, bekommt auf dieser Tour aber doch einen guten Eindruck vom Stockholmer Zentrum.

Die U-Bahn-Station Östermalmstorg, Ausgangspunkt am ersten Tag, liegt an der Shoppingmeile **Birger Jarlsgatan** › S. 101 mit ihren edlen Geschäften. In nördlicher Richtung, am **Stureplan** › S. 101, befindet sich eines der Zentren des Stockholmer Nachtlebens. Tagsüber bietet sich ein Bummel durch das Einkaufszentrum **Sturegallerian** an und ein Besuch des Jugendstilbads **Sturebadet** › S. 101.

Nach rechts durch die Sturegatan und wieder rechts durch die Humlegårdsgatan führt der Weg zum Östermalmstorg, wo in der historischen Markthalle ****Östermalms saluhall** › S. 98 allerlei Spezialitäten zum Kosten animieren. Durch die Sybillegatan ist anschließend das ***Musik- och teatermuseet** › S. 99 zu erreichen, einige Schritte weiter, in der Väpnargatan, liegt der **Hovstallet** › S. 100, in dem die königlichen Kutschen und Pferde gepflegt werden.

Am Strandvägen wendet man sich kurz nach rechts und steht vor dem ***Kungliga Dramatiska Teatern** › S. 100, dem schwedischen

Die schönsten Touren

Nationaltheater, leicht zu erkennen an der ornamentierten Fassade und den goldenen Skulpturen. Am Theater dreht man um und flaniert auf dem ***Strandvägen** ❯ S. 100 in Richtung Djurgårdsbron, wirft einen Blick auf das neueste schwedische Design bei **Svenskt Tenn** ❯ S. 35 und genießt den Blick auf die Inseln Skeppsholmen und Djurgården. An der Djurgårdsbron biegt links der Narvavägen ab und führt zum ****Historiska museet** ❯ S. 98, das v. a. wegen seiner Wikingerausstellung und der Goldsammlung bekannt ist.

Ausgangspunkt am zweiten Tag ist der Strandvägen. Wer will, kann aber auch mit dem Bus Nr. 69 bis zum ****Museiparken** ❯ S. 95 fahren. Hier hat man dann leider die Qual der Wahl, denn wahrscheinlich bleibt nur Zeit für eins der insgesamt fünf Museen.

Vom Museumspark fährt der Bus weiter über den **Kaknästornet** ❯ S. 94 zur ****Thielska Galleriet** ❯ S. 115 auf Djurgården, die eine hervorragende Sammlung nordeuropäischer Kunst beherbergt. Von hier geht es zu Fuß am Wasser entlang bis ****Prins Eugens Waldemarsudde** ❯ S. 114, anschließend spaziert man auf dem Djurgårdsvägen weiter und erreicht das Freilichtmuseum *****Skansen** ❯ S. 112, das auf jeden Fall einen Besuch lohnt, genauso wie das *****Vasamuseet** ❯ S. 107. Und wenn noch Zeit bleibt: Die ****Liljevalchs konsthall** ❯ S. 111 zählt zu den schönsten Kunsthallen Nordeuropas, im ****Nordiska museet** ❯ S. 106 kann man sich anschauen, was für Schweden in den letzten 500 Jahren typisch war. Vom Vasamuseet setzt die Fähre in wenigen Minuten auf die ruhige Insel Skeppsholmen über. Dort ist das ****Moderna museet** ❯ S. 86 bekannt für seine umfangreiche Kunstsammlung des 20. Jhs.

Der dritte Tag beginnt am späteren Vormittag mit einem Besuch des *****Nationalmuseet** ❯ S. 84, das neben so gut wie allen skandinavischen

Das älteste Freilichtmuseum der Welt: Skansen

Die schönsten Touren

Am Stortorget in Gamla stan

Künstlern auch eine beachtliche Palette französischer Maler und wichtige Werke von Rembrandt zeigt. Jenseits des Nationalmuseums liegt rechter Hand das **Grand Hôtel** › S. 84 mit schöner Fassade. Nun ist es nicht mehr weit bis zum **Kungsträdgården** › S. 82, einem beliebten Treffpunkt für Einwohner und Besucher der Stadt.

Rund um den Kungsträdgården breitet sich die moderne Stockholmer City aus. In der Hamngatan reiht sich eine Shoppingadresse an die andere, mittendrin das noble Traditionskaufhaus **Nordiska Kompaniet** › S. 81. Den Sergels torg beherrscht der wenig ansehnliche Funktionsbau des ****Kulturhuset** › S. 80, doch das »Wohnzimmer« der Stockholmer ist unbedingt besuchenswert.

Über Klarabergsgatan und Vasagatan erreicht man über die Brücke Stadshusbron das Anfang des 20. Jhs. aus dunklen Klinkern errichtete *****Stadshuset** › S. 91 auf Kungsholmen, eines der Wahrzeichen Stockholms. Von hier geht es zurück nach Norrmalm und über die Vasabron nach Gamla stan. Doch vor der Besichtigung der historischen Mitte der Stadt bietet sich rechter Hand ein kurzer Abstecher auf die kleine Insel Riddarholmen und zur ****Riddarholmskyrkan** › S. 72 an. In ihr sind 17 schwedische Könige beigesetzt.

Der beherrschende Bau in der Altstadt ist das *****Kungliga slottet** › S. 64. Teile des Königlichen Schlosses mit seiner prunkvollen Innenausstattung können besichtigt werden. Auch die tägliche Wachablösung › S. 67 vor dem Schloss ist sehenswert.

Gleich gegenüber vom Schlosseingang befindet sich das **Kungliga myntkabinettet** › S. 67 und auch zur **Finska kyrkan** › S. 67 ist es nicht weit. Neben dem Königlichen Schloss, auf dem Slottsbacken, liegt die ****Storkyrkan** › S. 68, eine der ältesten Kirchen der Stadt sowie Krönungs- und Hochzeitskirche des Königshauses. Über den Storkyrkobrinken geht es nun hinab zur ***Västerlånggatan** › S. 68, der belebtesten Straße der Altstadt mit zahlreichen Souvenirläden. Biegt man vorher links in die kleine Straße Trångsund ein, gelangt man zum ****Stortorget** › S. 69, bis zum 18. Jh. der zentrale Marktplatz der Stadt. Er ist eingerahmt von prächtigen Kaufmannshäusern aus dem 17. und 18. Jh., hier ist auch das ***Nobelmuseum** › S. 69 untergebracht.

Vom Stortorget führt die Köpmangatan zur Österlånggatan, der man in südlicher Richtung folgt. Auch diese Straße ist voller netter kleiner

Touren und Ausflüge

Geschäfte, zudem lohnt der ein oder andere Blick in die oft winzigen Seitengassen. Den Tag beschließen kann man im Restaurant **Den Gyldene Freden** › S. 70 in der Österlånggatan, das seit dem 18. Jh. Gäste bewirtet. In dieser Stockholmer Institution treffen sich auch regelmäßig die Mitglieder der Schwedischen Akademie.

Touren und Ausflüge

Touren in der Stadt	Stadtviertel	Dauer	Seite
Stockholms historische Mitte	Gamla stan	2–3 Std.	63
Norrmalm Süd & Skeppsholmen	Norrmalm	4 Std.	76
Norrmalm Nord & Hagapark	Norrmalm und Vasastan	3–4 Std.	88
Spaziergang auf Kungsholmen	Kungsholmen	2 Std.	91
Ladugårdsgärdet & Östermalm	Östermalm	3 Std.	94
Spaziergang auf Djurgården	Djurgården	4 Std.	105
Rundtour durch Södermalm	Södermalm	3–4 Std.	118
Ausflüge	**Lage**	**Dauer**	**Seite**
Naturhistoriska riksmuseet & Cosmonova	Nördlich der City	½ Tag	127
Millesgården	7 km nordöstlich	2–3 Std.	127
Drottningholms slott	12 km westlich	½–1 Tag	128
Globen/Ericsson Globe	Südlich der City	1–2 Std.	129
Skogskyrkogården	Südlich der City	1–2 Std.	130
Vaxholm	Nordöstlich, 1 Std. mit dem Boot	1 Tag	130
Fjäderholmarna	Östlich, 30 Min. mit dem Boot	½ Tag	132
Birka	50 km westlich	1 Tag	132
Mariefred/Schloss Gripsholm	70 km westlich	1 Tag	133
Sigtuna	50 km nördlich	½–1 Tag	134
Uppsala	72 km nördlich	1 Tag	135

Klima und Reisezeit

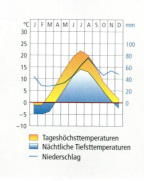

Tageshöchsttemperaturen
Nächtliche Tiefsttemperaturen
Niederschlag

Das Wetter in Stockholm ist deutlich besser als sein Ruf. Trotz ihrer nördlichen Lage erfreut sich die schwedische Hauptstadt, dank des Einflusses von Ostsee und Golfstrom, eines gemäßigten Klimas.

Im Juli, dem wärmsten Sommermonat, beträgt die durchschnittliche Tageshöchsttemperatur 23 °C, die durchschnittliche Tiefsttemperatur 14 °C. Gleichzeitig ist der Juli aber auch der Monat mit den meisten Niederschlägen. Deutlich trockener ist es im Juni. Für diesen Monat weisen die Statistiken mit zehn Stunden pro Tag auch die längste Sonnenscheindauer aller Monate aus. Mit neun Stunden am Tag liegt der Mai an zweiter Stelle dieser Statistik. Mai und Juni sind denn auch die perfekten Monate für einen Stockholmbesuch.

Die Tage sind wegen der nördlichen Lage der Stadt lang – im Juni beispielsweise geht die Sonne erst nach 22 Uhr unter und bereits um 3 Uhr wieder auf. Außerdem sind noch relativ wenige Touristen in der Stadt, und alle Geschäfte, Kneipen und Restaurants haben geöffnet. Dies zu erwähnen ist wichtig, denn nach Mittsommer (jeweils das Wochenende zwischen dem 19. und 25. Juni) wird Stockholm, wie auch der Rest Schwedens, von einem bei uns unbekannten Sommervirus befallen. Jeder, der es irgendwie einrichten kann, verschwindet in den Urlaub und fährt hinaus in seine *stuga,* sein Sommerhaus. Zurück in die Stadt kommen die Stockholmer dann erst wieder Mitte August. Im Sommer hält Stockholm also einen fast zwei Monate dauernden Schlaf.

Trotzdem: Als Städtereiseziel kann man Stockholm fast ganzjährig besuchen. Im Winter muss man sich für den Stadtbummel zwar dick einmummeln, und auch die Tage sind kurz, doch Stockholm im Schnee hat durchaus seinen eigenen Reiz.

Einzig der November vereinigt meist alle denkbaren Wetternachteile auf sich. Er ist bei Tagestemperaturen zwischen 2 °C und 6 °C schmuddelig und grau, und in der Regel liegt dann auch noch kein Schnee. Romantische Wintergefühle kommen im Monat November also nicht auf. Andererseits: Stockholm bietet mit seinen vielen hervorragenden Museen auch genügend Schlechtwetteralternativen.

Anreise

Mit dem Auto
Bei der Autoanreise empfiehlt sich je nach Wohnort die Fahrt über Dänemark via Rødby, Kopenhagen und die Öresundbrücke nach Malmö (www.oeresundsbron.com) oder die Fähranreise direkt nach Schweden. Hierfür kommen die folgenden Strecken von Scandlines (www.scandlines.de) und TT-Lines (www.ttline.com) in Frage: Sassnitz-Trelleborg, Rostock-Trelleborg und Travemünde-Trelleborg. Stena Line (www.stenaline.de) verkehrt zwischen Kiel und Göteborg, Finnlines (www.finnlines.com) von Travemünde nach Malmö. Die schnellste Straßenverbindung von Südschweden nach Stockholm stellt die E20/E4 von Malmö via Helsingborg und Norrköping dar (ca. 6,5 Std).

Mit dem Zug
Es bestehen tägliche Bahnverbindungen von Hamburg und Berlin nach Malmö. In Malmö hat man Anschluss an den Nachtzug oder den Schnellzug X 2000 nach Stockholm (www.bahn.de, www.sj.se).

Mit dem Flugzeug
Stockholm ist von fast allen großen Flughäfen direkt zu erreichen. SAS (www.flysas.com) bzw. Lufthansa (www.lufthansa.de) fliegen direkt von Berlin, Düsseldorf, Frankfurt, Hamburg und München nach Stockholm-Arlanda › S. 20. Air Berlin (www.airberlin.com) fliegt von Berlin nach Stockholm, Norwegian (www.norwegian.com) von Berlin und München sowie Germanwings (www.germanwings.com) von Berlin und Köln. Austrian Airlines (www.austrian.com) bietet Direktflüge ab Wien, Swiss Air (www.swiss.com) ab Zürich und Genf. Der Billigflieger Ryanair (www.ryanair.com) fliegt nach Stockholm-Skavsta › S. 20.

Schwedische Verkehrsregeln
Zwischen den deutschen und schwedischen Verkehrsregeln gibt es ein paar Unterschiede. Abblendlicht ist in Schweden auch tagsüber Pflicht. Die zulässige Höchstgeschwindigkeit außerhalb geschlossener Ortschaften liegt zwischen 70 und 90 km/h, auf Autobahnen darf man zwischen 90 und 110 km/h fahren, Wohnwagengespanne jedoch nie schneller als 80 km/h. Die schwedische Polizei führt häufig Geschwindigkeitskontrollen durch – Strafen für Geschwindigkeitsüberschreitungen sind empfindlich. Wer mit Alkohol am Steuer erwischt wird – die Promillegrenze liegt bei 0,2 –, dem wird sofort der Führerschein abgenommen und es drohen hohe Geldstrafen.

Vom **Flughafen Arlanda** (www.arlanda.se), der ca. 40 km vom Zentrum entfernt ist, erreicht man in ca. 20 Min. mit dem Schnellzug Arlanda Express (www.arlandaexpress.com) den Stockholmer Hauptbahnhof (Centralstation). Der Preis beträgt 260 SEK (günstiger am Wochenende). Billiger – je nach Saison zwischen 99 und 119 SEK –, dafür aber auch etwa 25 Min. länger, ist die Fahrt mit dem Bus (www.). Deutlich teurer ist es, die Strecke vom Flughafen in die dem Taxi zurückzulegen. Der Festpreis dafür beträgt bis nhof 599 SEK.

fen **Skavsta** (www.skavsta.se) fahren Busse nach Stockninütige Fahrt (ca. 100 km) kostet 149 SEK (beim Kauf im Internet 20 SEK günstiger, www.flygbussarna.se).

Stadtverkehr

U-Bahn/Bus/Straßenbahn

Stockholm verfügt über ein ausgezeichnetes Nahverkehrssystem. Fast jeder Teil der Stadt lässt sich problemlos mit öffentlichen Verkehrsmitteln erreichen. Für Touristen ist das Tarifsystem allerdings nur schwer durchschaubar. Das Einzelticket kostet, wenn man es direkt an der Station kauft, 44 SEK. Kauft man es im Vorfeld bei einem dafür lizenzierten Zeitungskiosk der Kette »Pressbyrån« kostet das gleiche Ticket nur 36 SEK. Wenn man eine Streifenkarte mit 16 Einheiten erwirbt (*förköpsremsa* für 200 SEK), kostet die Fahrt nur 25 SEK. In diesem Fall muss man für die Fahrt im Innenstadtbereich zwei Streifen (*kuponger*) abstempeln. Ein 24-Std.-Ticket kostet 115 SEK, eines für 72 Std. 230 SEK. Preisermäßigungen gibt es für Jugendliche unter 20

Stockholm Card

Die Stockholm Card ist ideal für Touristen, die sowohl ausgiebig Museen besuchen wollen, als auch den öffentlichen Nahverkehr nutzen. Fahrten im Bereich des Verkehrsverbundes des Großraums Stockholm sind damit ebenso kostenlos wie der Eintritt in 80 Museen der Stadt. Darüber hinaus berechtigt die Karte auch zu kostenlosen Stadtrundfahrten mit Boot und Bus. Für einige touristische Angebote werden zudem Ermäßigungen gewährt.
Die Stockholm Card gibt es für 24, 48, 72 und 120 Stunden und kostet 450, 625, 750 bzw. 950 SEK. Kinder und Jugendliche (7–17 Jahre) zahlen 215, 255, 285 bzw. 315 SEK. Erhältlich ist die Karte u. a. beim Stockholm Tourist Centre ❯ S. 139 oder online unter www.visitstockholm.com.

Stadtverkehr

Kunst im Untergrund: die U-Bahn-Station Kungsträdgården

und Personen über 65 Jahren. Kinder unter 7 Jahren in Begleitung eines Erwachsenen mit gültigem Fahrschein fahren umsonst.

Tarifauskunft, Abfahrtszeiten usw., auch in englischer Sprache, bei Stockholms Lokaltrafik, SL, unter http://sl.se.

Im Bus kann man keine Fahrkarten kaufen. Man muss sich sein Ticket also schon im Vorfeld besorgen.

Schiffe

Die Personenfähre Djurgårdsfärjan ⟩ S. 73 verbindet tagsüber Slussen (an der südlichen Spitze von Gamla stan), Skeppsholmen und Djurgården. Ein Einzelticket kostet 45 SEK. Den Fährverkehr zu den Schären vor Stockholm halten Waxholmsbolaget (www.waxholmsbolaget.se) und Strömma Kanalbolaget (www.stromma.se) aufrecht.

Auto

Es ist keine gute Idee, in Stockholm mit dem Auto zu fahren. Staus sind besonders in den Morgen- und Abendstunden die Regel, Parkplätze im Innenstadtbereich außerdem extrem teuer. Auf der Webseite von Stockholm Parkering (www.stockholm-parkering.se) kann man sich ein Verzeichnis aller öffentlichen Parkplätze der Stadt herunterladen. Günstig kann man sein Fahrzeug auf einem der Park-&-Ride-Plätze am Stadtrand abstellen. Hier beträgt die Parkgebühr für einen Tag lediglich 20 SEK.

Beim Kauf eines Parkscheins am Ticketautomaten keinesfalls ein »Boende«-Ticket lösen. Das ist ausschließlich für Anwohner und hat für Touristen keine Gültigkeit.

dtmaut, die seit 2007 in Stockholm erhoben wird, gilt uge mit schwedischem Nummernschild. Besucher aus önnen also nach wie vor kostenlos ins Zentrum fahren.

Fahrrad

Stockholm ist weitgehend flach und besitzt ein sehr gut ausgebautes Fahrradwegenetz. Perfekte Voraussetzungen also, um die Stadt als Pedalritter zu erobern. Für die **Stockholm City Bikes** kaufen Sie einfach beim Stockholm Tourist Centre ›S. 139 oder im Internet www.citybikes.se eine Leihkarte (gültig für drei Tage oder die ganze Saison) und leihen dann an einer der 70 Stellen im Stadtgebiet von April bis Oktober ein Fahrrad aus. Fahrräder verleihen auch:

■ **Gamla stans Cykel**
Stora Nygatan 20][**Gamla stan**
Tel. 08 411 16 70][**www.gamlastanscykel.se**
■ **Djurgårdsbrons sjöcafé**
Galärvarvsvägen 2][**Djurgården**][**Tel. 08 66 05 75**

Unterkunft

Das Preisniveau für Übernachtungen in Stockholm ist immer noch relativ hoch. Obwohl die Preise in den letzten Jahren sogar gefallen sind, nimmt die schwedische Hauptstadt in einer Vergleichsstudie der größten europäischen Metropolen Rang vier ein – nur in London, Moskau und Oslo übernachtet man teurer. Das heißt aber nicht, dass man in Stockholm kein günstiges Bett bekommen könnte. Speziell in den letzten Jahren hat eine ganz Reihe günstiger Hostels neu eröffnet. Und Sparfüchse können sich durchaus auch in schwedische Jugendherbergen trauen. Anders als hierzulande, darf hier jeder übernachten, und das Gebotene liegt in der Regel auf Hotelniveau.

Auf der offiziellen Internetseite des Stockholm Tourist Centre kann man Hotels direkt buchen – manchmal auch zum Schnäppchenpreis (www.visitstockholm.com).

Luxushotels

■ **Birger Jarl Hotel**
Tulegatan 8][**Norrmalm**
Tel. 08 674 18 00
www.birgerjarl.se
🚇 Rådmansgatan
So unscheinbar die Fassade, so beeindruckend das Interieur: Hier findet man Design vom Feinsten. Die Zimmer des Hotels wurden von mehreren schwedischen Designern und Künstlern durchgestylt – mit einer Ausnahme: Retro-Fans sollten nach Zimmer 247 fragen.
●●●

Unterkunft

Für Eleganz, Luxus und Noblesse steht seit 1874 das Grand Hôtel

■ Grand Hôtel
**Södra Blasieholmshamnen 8
Norrmalm**][**Tel. 08 679 35 60**
www.grandhotel.se
🚇 Kungsträdgården
Der bautechnische Stil der Belle Époque ist ebenso erhalten wie der exquisite Hauch von Luxus, der die Schönen, Reichen, VIPs und Nobelpreisträger ins Grand Hôtel (› S. 84) zieht. **Zimmer mit Blick auf das Hafenpanorama** anfragen. ●●●

■ Lydmar Hotel
Södra Blasieholmen 2][**Norrmalm
Tel. 08 22 31 60**
www.lydmar.com
🚇 Kungsträdgården
Mit Niveau abhängen – allein die Internetseite ist schon einen Blick wert! ●●●

■ Nobis Hotel
Norrmalmstorg 2–4][**Norrmalm
Tel. 08 614 10 00**
www.nobishotel.se
🚇 Östermalmstorg
Ende 2010 öffnete das 5-Sterne-Hotel seine Pforten und ergatterte in der Fachpresse unter den **besten Hotel-Newcomern** einige Spitzenplätze.

Minimalistisches schwedisches Design kombiniert mit Architektur des späten 19. Jhs. ●●

■ Nordic Light Hotel
**Vasaplan 7
Norrmalm
Tel. 08 50 56 30 00**
www.nordiclighthotel.com
🚇 Centralen
Das Nordic Light Hotel schreibt Design ganz groß, vor allem aber **setzt es beim Licht Akzente:** Farben, Tempo, Intensität beeindrucken. Der Gast bekommt wunderschöne Zimmer – inkl. Lichttheraphie. ●●

Gehobene Mittelklassehotels

■ Villa Källhagen
**Djurgårdsbrunnsvägen 10
Östermalm**][**Tel. 08 665 03 00**
www.kallhagen.se
Bus 69
Die Villa Källhagen steht für Regeneration. Nicht weit vom Zentrum, aber mitten in der Natur: spazieren, ausruhen und einen leckeren Happen im Restaurant essen, um sich am nächsten Tag wieder fit ins Stadtgetümmel zu stürzen. ●●—●●●

Stilvoll und exklusiv sind die Zimmer im Hotel J – »Stockholms Newport«

■ **Hotell Anno 1647**
Mariagränd 3
Södermalm
Tel. 08 442 16 80
www.anno1647.se
🚇 Slussen
Wie der Name sagt: Das Hotel stammt von 1647, zumindest ein Teil. Das Hotel besteht aus zwei Gebäuden um einen Innenhof. Alle Zimmer sind individuell eingerichtet. Hier findet jeder Gast, was ihm gefällt. ●●

■ **August Strindberg Hotell**
Tegnergatan 38
Vasastan
Tel. 08 32 50 06
www.hotellstrindberg.se
🚇 Rådmansgatan
Klein, aber fein und familiär. In dem Ende des 19. Jhs. erbauten Hotel mit 27 Zimmern kann man vor allem eins: sich wohlfühlen. Ruhe findet der Gast vis-à-vis im Park oder im schönen Innenhof des Hauses. Optimaler Tagesbeginn: eine Tasse Tee im stilvoll eingerichteten Frühstücksraum. ●●

■ **Hotel Diplomat**
Strandvägen 7C][Östermalm
Tel. 08 459 68 00
www.diplomathotel.com
🚇 Kungsträdgården
oder Bus 69, Tram 7
Das Familienhotel befindet sich in einem der schönsten Art-nouveau-Häuser Stockholms. Großzügige Zimmer, teils mit Seeblick. Nicht nur die Fassade des Hotels bietet eine gute Filmkulisse – auch der alte Lift aus der Gründerzeit. Allerdings: schön anzusehen, aber nicht behindertengerecht. ●●

■ **Hotel J**
Ellensviksvägen 1
Nacka Strand
Tel. 08 601 30 25
www.hotelj.se
Bus 443C von 🚇 Centralen
Wie im privaten Hafenclub: Das Hotel J kombiniert schwedisches Sommerhaus-Feeling mit der maritimen Atmosphäre des amerikanischen Segelparadieses Newport: »extremely tasteful«. ●●

Unterkunft

■ Hotell Kung Carl
Birger Jarlsgatan 21
Östermalm
Tel. 08 463 50 00
www.hotellkungcarl.se
🚇 Östermalmstorg
Designvielfalt von Gustavianischem Stil bis zum zeitgenössischen Design. Was aber insbesondere für Nachtschwärmer zählt, ist die Lage des 4-Sterne-Hotels: Es befindet sich im Nightlifezentrum am Stureplan. ●●

■ Mälardrottningen
Riddarholmen][Tel. 08 54 51 87 80
www.malardrottningen.se
🚇 Gamla stan
Das Traumschiff der 1920er-Jahre: Die Yacht so spektakulär wie die ehemalige Eignerin, Barbara Hutton. Die Kategorie der Zimmer reicht von der einfacheren Seemanns- bis zur luxuriösen Kajüte von Frau Hutton. Das Bordrestaurant – mit Blick auf die Altstadt Stockholms – steht dem Hotel an Noblesse in nichts nach. ●●

■ Rica Hotel Gamla stan
Lilla Nygatan 25][Gamla stan
Tel. 08 723 72 50
www.rica.se
🚇 Gamla stan
Altstadtflair pur: Gebaut im 17. Jh. und im Gustavianischen Stil eingerichtet, hält das Hotel selbst mit der nostalgischen Atmosphäre der Altstadt Gamla stan mit. 3-Sterne-Komfort, der sich mehr als sehen lassen kann. ●●

■ Hotel Rival
Mariatorget 3
Södermalm
Tel. 08 54 57 89 00
www.rival.se
🚇 Mariatorget
Es fällt schwer, die komfortablen Zimmer mit 24-Stunden-Service zu verlassen. Von der Bettwäsche bis zum Bistro- und Barbetrieb ist alles darauf angelegt, dass Gäste es bequem haben. ●●

■ Scandic Grand Central
Kungsgatan 70
Norrmalm
Tel. 08 51 25 20 00
www.scandichotels.com
🚇 Centralen

Das 130 Jahre alte, prächtige Gebäude in absolut zentraler Lage war früher nach dem bekannten Architekten als »Lundberg Palast« bekannt. Durch den Umbau 2011 zum Hotel hat es nichts von seinem Charme verloren. Elegante Zimmer mit künstlerischer Note. In der Acoustic Bar gibt es mehrmals wöchentlich Livemusik, sie ist ein beliebter Treffpunkt für Einheimische und Touristen. ●●

■ Hotel Skeppsholmen
Gröna gängen 1
Skeppsholmen
Tel. 08 407 23 00
www.hotelskeppsholmen.com
🚇 Kungsträdgården
Eine Augenweide: Das Hotel, Baujahr 1699, auf der Insel Skeppsholmen verbindet historisches Ambiente mit modernem Design. Dazu der fantastische Panoramablick übers Wasser mit Königlichem Schloss und Altstadt. Zentrumsnahe Hotel-Oase mit wunderschönem historischem Pavillon! ●●

Einfachere Hotels

■ Gustav Vasa Hotell
Västmannagatan 61B
Vasastan
Tel. 08 54 54 48 05
www.gustavvasahotel.se
🚇 Odenplan

Charmantes, kleines Hotel mit liebevoll eingerichteten Zimmern zu einem vergleichsweise kleinen Preis. ●

■ **Tre Små Rum**
Högbergsgatan 81
Södermalm
Tel. 08 641 23 71
www.tresmarum.se
🚇 Mariatorget

Persönlicher kann Service kaum sein als im vermutlich kleinsten Hotel der Stadt. Hatte es bei Eröffnung 1993 drei Zimmer, sind es jetzt immerhin sieben. Allein das Biofrühstück, das man nach Gusto zusammenstellen kann, verrät: Hier ist der Gast König. ●

Hostels

■ **Af Chapman**
Flaggmansvägen 8
Skeppsholmen
Tel. 08 463 22 66
www.stfchapman.com
🚇 Kungsträdgården

Das abendliche Motto lautet: ab in die Koje! Auf dem anno 1888 erbauten Dreimaster können seit 1949 Gäste in Kajüten mit 2 bis 15 Betten nächtigen. **Super Atmosphäre und Aussicht.** Sehr begehrt, darum frühzeitig buchen! ●

■ **Jumbo Stay**
Jumbovägen 4
Stockholm Arlanda
Tel. 08 59 36 04 00
www.jumbohostel.se

Mit dem Arlanda Express (Bus und Zug)
Schlafen im Flieger kann so bequem sein! 15 Gehminuten vom Flughafen Arlanda entfernt ist in einem ausrangierten Jumbo-Jet des Typs 747–212B eine ganze Jugendherberge untergebracht. Hier zählt der Fun-Faktor – nur Fliegen ist schöner! ●●

■ **Långholmens Vandrarhem**
Långholmsmuren 20
Långholmen
Tel. 08 720 85 00
www.langholmen.com
🚇 Hornstull

Knasterfahrung für jedermann: Das ehemalige Gefängnis aus dem 19. Jh., in dem noch bis 1975 schwere Jungs einsaßen, beherbergt jetzt Gäste in einfachen Hotel- und Hostelzimmern. Zellenidylle auf grüner Insel mit Badestelle – mitten in Stockholm. ●

Stockholmer Hotels mit Flair

■ Wohnen im Stil der Belle Époque wie die Nobelpreisträger. Besonders schön sind die Zimmer des **Grand Hôtel** mit Blick aufs Wasser. › S. 23

■ Im **af Chapman** gibt es zwar nur den Komfort einer Jugendherberge, doch dafür darf man in einer Koje des Dreimasters von 1888 schlafen. Beim Frühstück an Deck schaut man direkt auf Gamla stan. › S. 26

■ Der Stockholmer Himmel ist grau und verregnet? Kein Problem, denn im **Nordic Light Hotel** sorgt eine Lichttherapie für gute Laune. › S. 23

■ Im **Nobis Hotel** vereint sich die Architektur des 19. Jhs. mit klassischem schwedischem Design zum 5-Sterne-Luxus. › S. 23

■ Der ehemalige »Lundberg-Palast« von 1885 wurde unlängst zum **Scandic Grand Central** umgebaut und hat nichts von seinem Charme verloren. In der Bar mischen sich bei Livemusik Einheimische und Touristen. › S. 25

Special

Mit Kindern in der Stadt

Stockholm als grüne Stadt am Wasser macht auch mit Kindern jeden Alters Spaß. Außerdem gibt es viele spannende Museen und Freizeitparks, und selbst wer sich nur einen halben Tag Zeit nimmt und z. B. zu den Fjäderholmarna › S. 132 fährt, ist schon mitten drin im Schärengarten.

Stockholm erkunden

Kinder mögen keine langen Stadtrundgänge! In Stockholm kann man problemlos zwischen den einzelnen Highlights ein Stück mit dem Boot fahren. Das geht ganz einfach mit dem **Hop-on-Hop-off-Sightseeing-Booten** (Infos und Abfahrtszeiten unter www.stromma.se).

Spannende Museen

Im Leksaksmuseet › S. 123, dem **Spielzeugmuseum** auf der Insel Södermalm, sind v. a. die Puppen- und die Modellautoausstellung sehenswert.

Mit einem Besuch im **Museumspark,** dem Museiparken in Östermalm › S. 95, können Eltern den Nachwuchs einen ganzen Tag lang beschäftigen. Im Ethno-

Ungewöhnlich übernachten

Für etwas größere Kinder ist es bestimmt »cool«, einmal nicht in einem normalen Hotel zu übernachten. Wie wäre es mit einer Knasterfahrung in einem ehemaligen Gefängnis? **Långholmens Vandrarhem** › S. 26 liegt auf einer citynahen grünen Insel. »Ab in die Koje«, heißt es auf dem historischen Dreimaster **af Chapman** › S. 26, der vor Skeppsholmen vor Anker liegt. Und in dem ausrangierten **Jumbo-Jet** auf dem Flughafen Arlanda › S. 26 kann man ebenfalls nicht ganz alltäglich übernachten.

grafischen Museum (Etnografiska museet) wird die Indianerausstellung das größte Interesse wecken. Das **Seehistorisches Museum** (Sjöhistoriska museet) wiederum besitzt eine große Sammlung an Modellschiffen, zeigt eine tolle Piratenausstellung und lädt kleinere Kinder in den Spielraum »Saltkråkan« ein.

Im Historiska museet, dem **Historischen Museum** ❭ S. 98, können Familien mit Kindern ab sechs Jahren auf einem kommentierten und interaktiven Pfad die Welt der Wikinger erkunden.

Flora und Fauna

Im **Hagaparken** ❭ S. 90 nördlich von Stockholm können Kinder im **Fjärils- & Fågelhuset** ❭ S. 91 tropische Schmetterlinge und exotische Vögel frei herumfliegen sehen. Anschließend kann man sich mit dem Nachwuchs auf »Prinzen- und Prinzessinnensuche« begeben: Die schwedische Kronprinzessin Victoria und ihr Mann, Prinz Daniel, leben im Schloss des wie ein englischer Landschaftsgarten angelegten wunderschönen Parks.

Vom tropischen Regenwald bis zur Ostsee geht die kindgerechte Reise im **Aquaria** ❭ S. 111. Zu sehen gibt es hier u. a. Piranhas, Pfeilgiftfrösche, Schützenfische, Seesterne und Haie.

Ins **Freilichtmuseum Skansen** auf Djurgården ❭ S. 112 lockt man die Kleinen mit der Aussicht auf Spielplätze, Buden mit Süßigkeiten und Vorführungen historischer Handwerke. Sehr beliebt sind auch der kleine Zoo mit Schwedens typischen Tieren und das Aquarium mit über 200 Tierarten, darunter Krokodilen und Schlangen.

Freizeitparks

Gröna Lund ❭ S. 114 ist Schwedens ältester Freizeitpark und bietet jede Menge Kirmesattraktionen.

In **Junibacken** ❭ S. 106 trifft man auf dem »Marktplatz der Geschichten« oder im »Geschichtenzug« alle Romanfiguren von Astrid Lindgren und noch viel mehr ...

Selber experimentieren

Im **Teknorama** des **Tekniska museet** ❭ S. 95 können Kinder, Jugendliche und Erwachsene experimentieren und vieles selbst ausprobieren. Das Technische Museum bietet zudem für die Jüngsten das Leklabbet genannte **Spiellabor,** in dem die Kinder sich auf eine Entdeckungstour begeben und Spannendes über Mechanik, Licht, Ton und Zeit erfahren. Im **Kino** des Museums kann man Filme in 4D anschauen.

Die Welt der Dinosaurier hautnah erleben ist nur eine der vielen interaktiven Attraktionen im **Naturhistorischen Nationalmuseum** (Naturhistoriska riksmuseet) ❭ S. 127, das im Stockholmer Universitätsviertel liegt. Im angeschlossenen Kino **Cosmonova** kann man IMAX-Filme auf einer riesigen, kuppelförmigen Leinwand anschauen, neuerdings auch digital in 3D.

Essen und Trinken

Die schwedische Hauptstadt ist schon längst kein kulinarisches Niemandsland mehr. Vorbei sind die Zeiten der einfallslosen Hausmannskost. Die Stockholmer wissen mittlerweile die Vielfalt der rund 1500 Restaurants in der Stadt zu schätzen und gehen gerne und oft zum Essen aus. Eine Reservierung ist deshalb nicht verkehrt. Das zielstrebige Zusteuern auf einen freien Tisch ist übrigens nicht üblich, in der Regel bekommt der Gast einen Tisch zugewiesen.

Zur Mittagszeit gibt es *lunch* oder ein *dagens rätt*, das Gericht des Tages. Im Preis enthalten ist manchmal ein Getränk, Saft oder ein *lättöl* (alkoholarmes Bier). Das Abendessen, das die Schweden *middag* nennen, kann man schon recht früh ab 18 Uhr einnehmen, zahlt dafür aber deutlich mehr als für das *dagens rätt*. Wer etwas Typisches sucht, nimmt *smörgås*, ein belegtes Brot, oder nimmt, wenn das Essen etwas üppiger ausfallen darf, an einem schwedischen Buffet teil, dem *smörgåsbord*. Hering *(sill)* bekommt man in allen nur denkbaren Variationen und auch Fleischbällchen *(köttbullar)* gibt es nicht nur beim heimischen IKEA. Beliebt ist auch *laxpudding*, der aus Lachs, Kartoffeln und Eiern zubereitet wird. Der kleine Ostseehering *strömming* wird sowohl als Vorspeise als auch als Hauptgericht serviert. Man sollte den *strömming* jedoch auf keinen Fall mit dem *surströmming* verwechseln, der im August Saison hat › S. 90. Denn dies ist sauer vergorener Hering, der sehr streng riecht und den nur wenige als Delikatesse schätzen.

Gehoben

■ F12
Fredsgatan 12][**Norrmalm**
Tel. 08 24 80 52
http://f12.se][⊕ Kungsträdgården
Mo–Fr 11.30–14, Mo–Sa 17–1 Uhr
Danyel Couet und Melker Andersson gelten als Trendsetter der Stockholmer Gastroszene und haben etliche Preise und einen Michelinstern vom Kochhimmel geholt. Internationale Küche, raffinierte Geschmackskreationen, ausgefallen angerichtet, in minimalistischem Ambiente. ●●●

■ Jonas
Fleminggatan 39][**Kungsholmen**
Tel. 08 650 22 20
www.restaurangjonas.se
⊕ Fridhemsplan oder ⊕ Rådhuset
Di–Sa 18–23 Uhr
Lassen Sie sich nicht von der Fassade des HSB-Gebäudes abschrecken: Augen zu und durch. Dann wieder Augen auf wegen des tollen Ausblicks und Essens. Im Jonas wird groß gedacht und gekocht: Ein sechs- und ein neungängiges Menü stehen zur Auswahl. ●●●

■ Operakällaren
Operahuset/Karl XII:s torg
Norrmalm][Tel. 08 676 58 01
www.operakallaren.se
⊕ Kungsträdgården

Essen und Trinken

Berns bietet mehr als Bar & Bistro

Di–Sa 18–22 Uhr
Hier wird im wahrsten Sinne des Wortes »diniert«. Unbeschreiblich festliches Ambiente in einem Saal mit historischen Wandmalereien und mit Eichenholzschnitzereien verzierten Wänden. Eines der schönsten Restaurants Stockholms mit Küche und Weinkarte, die dem Interieur angemessen sind. ●●●

■ Stadshuskällaren
Stadshuset][Kungsholmen
Tel. 08 50 63 22 00
🛈 Centralen
Mo–Fr 11–2 Uhr
Der Chefkoch zeichnet alljährlich verantwortlich für das Menü des Nobelpreis-Diners. Auf Vorbestellung werden auch alle Menüs seit 1901 ab acht Personen zubereitet (❯ S. 93). Das Restaurant wird derzeit umgebaut und im Juli 2012 unter neuer Leitung wiedereröffnet. ●●●

■ Wedholms Fisk
Nybrokajen 17][Norrmalm
Tel. 08 611 78 74
www.wedholmsfisk.se
🛈 Kungsträdgården
Mo–Fr 11.30–23, Mo 14–18 geschl.,
Sa 17–23 Uhr
Preisgekröntes Sternerestaurant, das die besten Fischgerichte Stockholms kredenzt. ●●●

■ Sturehof
Stureplan][Östermalm
Tel. 08 440 57 30
www.sturehof.com
🛈 Östermalmstorg
Mo–Fr 11–2, Sa 12–2, So ab 13 Uhr
Schickes Design und ausgefallene Deko in historischen Gemäuern aus dem späten 17. Jh. Dazu deliziöse Fischgerichte. ●●–●●●

Klassiker

■ Berns Bar & Bistro
Berzelii Park][Norrmalm
Tel. 08 56 63 22 00
www.berns.se
🛈 Östermalmstorg oder
🛈 Kungsträdgården
Mo 11.30–23, Mi–Sa 11.30–2,
So 13–23 Uhr
Französische »cusine et musique«, von Mi–Sa mit DJ bis 2 Uhr morgens. »Très chique« geht es zu, wenn Berns in den Stora Salongen ein Banquette ausrichtet. Damit nicht genug: Ein Blick auf die Website verrät alles über Hotel, Events und Konzerte. ●●

■ Den Gyldene Freden
Österlånggatan 51][Gamla stan
Tel. 08 24 97 60
www.gyldenefreden.se
🛈 Gamla stan
Mo–Do 11.30–14.30, 17–22, Fr 11.30 bis 14.30, 17–23, Sa 13–23 Uhr
Früher Treffpunkt der literarischen Elite des Landes, wo Bellman sang und die Mitglieder der Schwedischen Akademie zu den Stammgästen gehören (❯ S. 70). Heute serviert man in den mittelalterlichen Gewölben schwedische Hausmannskost. ●●

■ Fem Små Hus
Nygränd 10][Gamla stan
Tel. 08 10 87 75
www.femsmahus.se
🚇 Gamla stan
So–Di 17–23, Mi–Sa bis 24 Uhr
Die »fünf kleinen Häuser«, mit insgesamt neun Kellergewölben, sind dank vieler Antiquitäten aus Schweden und dem Rest Europs sehr urig. ●●

■ Prinsen
Mäster Samuelsgatan 4
Östermalm
Tel. 08 611 13 31
www.restaurangprinsen.se
🚇 Östermalmstorg
Mo–Fr 11.30–23.30, Sa 13–23.30, So 13–22.30 Uhr
Von allen ein bisschen: italienische, französische und schwedische Küche. Das 100-jährige Restaurant ist Szenetreff der Intellektuellen. ●●

■ Tennstopet
Dalagatan 50][Vasastan
Tel. 08 32 25 18
www.tennstopet.se
🚇 Odenplan
Mo–Fr 16–1 Uhr
Klassische Hausmannskost im Traditionslokal (❯ S. 90). ●●

■ Pelikan
Blekingegatan 40][Södermalm
Tel. 08 55 60 90 92
www.pelikan.se
🚇 Skanstull
Mo–Do 16–24, Fr, Sa 13–1, So 13 bis 24 Uhr
»Smör, ost och sill« – Butter, Käse und Hering: unprätentiöse, original schwedische Küche, zu der obligatorisch ein Schnaps gehört. ●–●●

■ Kungshallen
Kungsgatan 44][Norrmalm
www.kungshallen.nu
🚇 Hötorget
Untergeschoss: Mo–Sa 11–22, So 12 bis 22 Uhr; Erdgeschoss: Mo–Sa 9–23, Sa 11–23, So ab 12 Uhr
Eine Schlemmerreise rund um die Erde: Für den Trip sorgen 15 verschiedene Restaurants unter einem Dach. Der kulinarische Tempel liegt zentral am Hötorget und ist Stockholms einzige Restauranthalle. ●

International

■ Roppongi
Hantverkargatan 76C
Kungsholmen
Tel. 08 650 17 72
www.roppongi.se
🚇 Fridhemsplan
Mo–Fr 11–22, Sa, So ab 17 Uhr
Viel gepriesenes japanisches Restaurant: ein Muss für alle, die Sushi lieben. ●–●●

■ Storstad
Odengatan 41
Vasastan
Tel. 08 673 38 00
www.storstad.se
🚇 Rådmansgatan
Mo–Do 16–1, Fr bis 3, Sa 18–3 Uhr
Bistro: von den Gerichten, über die Getränkeauswahl bis zu den Öffnungszeiten sehr französisch! ●–●●

Abseits vom Normalen

■ Gastrologik
Artillerigatan 14
Östermalm
Tel. 08 662 30 60
www.gastrologik.se
🚇 Östermalmstorg
Di–Fr 11.30–14, Di–Sa 18–21 Uhr
Gastronomie steht für Genuss – das ist logisch –, zumindest für Jacob Holmström und Anton Bjuhr, die

ihren Gästen genau das bieten wollen. Logisch ist auch jahreszeitlich bedingtes Kochen mit Naturprodukten! ●●●

■ **Ekstedt**
Humlegårdsgatan 17
Östermalm
Tel. 08 611 12 10
www.ekstedt.nu
🚇 Östermalmstorg
Di–Sa ab 18 Uhr
Keine Deadline am Abend! Gut so, denn umgeben von Feuer und Holz, will man nicht einfach nur essen und wieder gehen, sondern bleiben. ●●

Die schönsten Restaurants am Wasser

■ Die ehemalige Djurgården-Fähre schaukelt jetzt am Ufer von Gamla stan. **Flyt Restaurang och Brygga** ist ein guter Platz für ein Bier in der Sonne. › S. 33

■ Auf der alten Skeppsholmen-Werft wird im **Hjerta** in maritimer Atmosphäre mit Herz gekocht. › S. 32

■ Draußen und drinnen speist man hervorragend und schaut auf den Djurgården-Kanal. Eine grüne Oase in City-Nähe ist die **Villa Källhagen**. › S. 33

■ Im Sommer gibt es keinen besseren Platz als die große überdachte Veranda von **Pontus by the Sea** mit Blick auf den Dreimaster af Chapman. Ein Höhepunkt im kulinarischen Kalender sind die Meeresfrüchtewochen im Herbst. › S.32

■ Ein wenig Luxus muss schon sein – vor allem wenn das Ponton-Restaurant des **Strandbryggan** am noblen Strandvägen vor Anker liegt. › S. 34

In exklusiver Lage

■ **Hjerta**
Slupskjulsvägen 28B
Skeppsholmen
Tel. 08 611 41 00
www.restauranghjerta.se
🚇 Kungsträdgården
Mo–Fr 11.30–14.30, 17–22, Sa 12–15, 17–22 Uhr
Restaurant auf Skeppsholmen: insulare Atmosphäre auf einer restaurierten Werft. Rentier essen, Schiffe gucken – alles gut! ●●●

■ **Pontus by the Sea**
Tullhus 2][Skeppsbrokajen
Gamla stan
Tel. 08 20 20 95
www.pontusfrithiof.com
🚇 Gamla stan
Mo–Fr 11.30–14 Uhr, Di–Do 17.30–24, Fr, Sa 17.30–1 Uhr
Das Chamäleon unter den Restaurants. Die einstige Brauerei verwandelte sich in eine Location mit ständig wechselndem Programm: mal Dinner-Variete, Riesen-Barbecue, Chills auf der Terrasse, Seafood-Wochen, Weihnachten am Meer. ●●–●●●

■ **Clas på hörnet**
Surbrunnsgatan 20
Vasastan
Tel. 08 16 51 36
www.claspahornet.se
🚇 Rådmansgatan
Mo 11.30–23, Di–Fr 11.30–24, Sa 17–24 Uhr
Gehobene schwedische Küche stilvoll serviert – im Landgasthof von 1731 und im Sommer vorzugsweise im Innenhof. ●●

■ **Erik's Gondolen**
Stadsgården 6][Södermalm
Tel. 08 641 70 90
www.eriks.se

Essen und Trinken

🚇 Slussen
Mo–Fr 11.30–14.30, 17–1,
Sa 16–1 Uhr
Der Name ist Programm: Das Gondolen, die Gondel von Erik Lallerstedt, hängt am Katarinahissen ❯ S. 119, dem Aufzug mit Brücke, 46 m über dem Ufer von Södermalm. Neben dem grandiosen Ausblick gibt es auch gutes Essen. Das Sommer-Highlight: Grillvergnügen – eine Etage höher auf der Terrasse. ●●

■ Flyt Restaurang och Brygga
Kajplats Kornhamnstorg
Gamla stan
Tel. 08 21 37 29][www.flyt.se
🚇 Gamla stan
Nur im Sommer geöffnet.
Nichts entspannt mehr als Schiffschaukeln und Wassergeplätscher. **Genau das findet man auf der ehemaligen Djurgården-Fähre.** Dazu noch ein Whisky aus der beeindruckenden Liste der Karte sowie ein gutes Fischgericht und das Leben ist perfekt. ●●

■ Lasse i Parken
Högalidsgatan 56
Södermalm
Tel. 08 658 33 95
www.lasseiparken.se
🚇 Hornstull
Mai, Sept. tgl. 11–17, Juni–Aug. tgl. 11–20, Okt.–März Sa, So 11–17 Uhr
Ein Juwel aus Holz, mitten in der Stadt: ein typisches schwedisches Holzhaus, innen so gemütlich, dass man gar nicht gehen mag. Höchstens in den hübschen Garten, wo man im Sommer von der Großstadthektik bei einem preisgünstigen Lunch relaxt. ●●

■ Villa Källhagen
Djurgårdsbrunnsvägen 10
Östermalm

Open-Air-Restaurant am edlen Strandvägen

Tel. 08 665 03 00
www.kallhagen.se
Bus 69
Mo–Fr 11.30–14, 17–21, Sa 12–15.30, 17–21, So 12–17 Uhr (ab 14.30 Uhr Brunch)
Natur in Citylage. Wer genug vom Stadtbummel hat, **zieht sich hierher für einen ruhigen Lunch zurück.** Draußen oder drinnen – in jedem Fall mit Blick auf den Djurgårds-Kanal. ●●

■ Wärdshuset Ulla Winbladh
Rosendalsvägen 8][Djurgården
Tel. 08 53 48 97 01
www.ullawinbladh.se
Bus 44
Mo 11.30–22, Di–Fr 11.30–23,
Sa 12–23, So 12–22 Uhr
Ulla Winbladh hat sich traditionelle schwedische Hausmannskost auf die Karte geschrieben. Und die macht sie richtig gut. Den Apéritif am besten in der neuen Outdoor–Lounge mit ländlichem Blick auf Rosendalsvägen nippen! ●●

■ Djurgårdsbrunn
Djurgårdsbrunnsvägen 68
Östermalm
Tel. 08 624 22 00

www.djurgardsbrunn.com
Bus 69
Sa, So 12–16 Uhr (Brunch)
Königin Kristina soll ehemals Löwen auf dem Anwesen gejagt haben. Heutzutage kaum vorstellbar, denn Djurgårdsbrunn bietet am Wochenende auf einen Brunch eine ausgesprochen friedliche Zuflucht. ●–●●

■ **Strandbryggan**
Strandvägskajen 27
Östermalm
Tel. 08 660 37 14
www.strandbryggan.se
🚇 Kungsträdgården
April–Sept. tgl. 10–1 Uhr
Seeleute brauchen Energie. Darum gibt es hier immer etwas Leckeres. **Echt gut!** Selbstverständlich in maritimem Sea-Club-Ambiente mit Blick auf das städtische Herz von Stockholm. ●–●●

Cafés/Teehaus

■ **Blå Porten**
Djurgårdsvägen 64][Djurgården
Tel. 08 663 87 59
www.blaporten.com

Bus 44
Tgl. 11–19, Di, Do bis 21 Uhr
Es geht nichts über einen der leckeren Kuchen im schnuckeligen Garten des Blå Porten. Lädt zum Bleiben bis zum Abendessen im gemütlichen Restaurant ein. ●–●●

■ **Rosendals trädgård**
Rosendalsterrassen 12
Djurgården
Tel. 08 54 58 12 70
www.rosendalstradgard.se
Bus 44
Di–So 11–16 Uhr
Im Schlosspark wird biodynamische Gartenkultur präsentiert. Die kann man sich im Rosendals auch vom Kaffeetisch aus betrachten. ●–●●

■ **Chaikhana**
Svartmangatan 23
Gamla stan
Tel. 08 24 45 00
www.chaikhana.se
🚇 Gamla stan
Mo–Fr 11–19, Sa, So 12–18 Uhr
Gestresst vom Stadtleben? Have a tea at the Chaikhana! Japanische Teekultur, die Sie runterfährt, damit Sie anschließend wieder genießen können, was Stockholm Ihnen an neuen Eindrücken vermittelt hat. ●

■ **Gunnarsons Specialkonditori**
Götgatan 92
Södermalm
Tel. 08 641 91 11
www.gunnarsons.se
🚇 Skanstull
Mo–Do 7–21, Fr bis 20, Sa 7.30–18, So 10–18 Uhr
Absolut nichts für Menschen, die eine innere Kalorientabelle mit sich herumtragen. Für alle anderen: Das zusätzliche Delikatessröllchen werden Sie nicht bereuen! ●

Café am Stortorget in der Altstadt

Shopping

Nicht billig, aber dafür von höchster Qualität ist schwedisches Design. Egal ob Kleidung, Haushaltswaren oder Möbel, die Schweden wissen, wie man Schönes produziert. Die besten Designläden findet man im edlen Östermalm und im hippen und alternativen Södermalm. Dort, an den Hornsgatspuckeln, einem Abschnitt der Hornsgatan, liegen auch einige der spannendsten Kunstgalerien der Stadt. Die Götgatan, die Södermalm in Nord-Süd-Richtung durchzieht, hat sich in den letzten Jahren zu einer der besten Einkaufsgegenden Stockholms entwickelt. Und in SoFo, eigentlich das Kneipenviertel von Södermalm, liegen ebenfalls einige trendige Designläden.

Die Haupteinkaufsstraße im Zentrum ist die Fußgängerzone Drottninggatan, an der auch die großen Kaufhäuser liegen, außerdem Boutiquen sowie T-Shirtund Souvenirläden. In der Hamngatan reiht sich ein Geschäft ans andere, mittendrin das Traditionskaufhaus Nordiska Kompaniet. Auch in der Västerlånggatan in der Altstadt findet man Kunsthandwerk, Boutiquen und Souvenirläden – allerdings kauft man hier oft zu Touristenpreisen. Exklusiver ist das Angebot in der Biblioteksgatan und am Stureplan mit der Sturegallerian sowie in der Birger Jarlsgatan im Zentrum der Stadt.

Stockholm ist sicher kein Schnäppchenparadies, doch dafür findet man in der Regel sehr gute Qualität. Die Aufschrift *rea* weist auf Sonderangebote hin.

Design

■ **Asplund**
Sibyllegatan 31][Östermalm
Tel. 08 662 52 84][www.asplund.org
🚇 Östermalmstorg
Mo–Fr 11–18, Sa 11–16 Uhr
Mehr als engagiert: viele führende Designer unter einem Dach, die zeigen, was gerade schickes, schwedisches Interieur ist (❯ S. 103).

■ **DesignTorget**
Götgatan 31][Södermalm
Tel. 08 644 16 78
www.designtorget.se
🚇 Slussen
Mo–Fr 10–19, Sa 10–17, So bis 16 Uhr
Design durch und durch: vom Kinderspielzeug bis zur Badezimmerausstattung. Mehrere Filialen in der Stadt (❯ S. 103), u.a. im Flughafen Arlanda.

■ **Iris Hantverk**
Västerlånggatan 24][Gamla stan
Tel. 08 698 09 73
www.iris.se/hantverk
🚇 Gamla stan
Mo–Fr 10–18, Sa 11–16, So 12–16 Uhr
Stylische Bürsten für jede Gelegenheit füllen nicht nur dieses Geschäft in der Altstadt, sondern auch das in der Kungsgatan 55 im Stadtzentrum (🚇 Hötorget).

■ **Svenskt Tenn**
Strandvägen 5][Östermalm
Tel. 08 670 16 00

www.svenskttenn.se
🅣 Östermalmstorg
Mo–Fr 10–19, Sa 10–16, So 12–16 Uhr
Svenskt Tenn (schwedisches Zinn; ❯ S. 102), 1924 gegründet, gelangte bereits ein Jahr später für Design und Qualität der Zinnarbeiten auf der Weltausstellung in Paris zu Weltruhm. Seither ist es eines der bedeutendsten Unternehmen im Bereich Innenausstattung. Es lohnt sich, Zeit mitzubringen!

Kaufhäuser/Einkaufspassagen

■ Åhléns City
Klarabergsgatan 50][Norrmalm
www.ahlens.com][🅣 Centralen
Mo–Fr 10–21, Sa 10–19, So 11–18 Uhr
Schwedens größte Kaufhauskette mit 17 Häusern allein im Großraum Stockholm (❯ S. 103). Das Angebot ist nicht so edel wie im Nordiska Kompaniet (❯ unten), dafür preiswerter.

■ Nordiska Galleriet
Nybrogatan 11][Östermalm
Tel. 08 442 83 60
www.nordiskagalleriet.se
🅣 Östermalmstorg
Mo–Fr 10–18, Sa 10–17, So 12–16 Uhr
Seit 1913 gelingt es dem Einrichtungshaus, immer »state of the art« zu sein – schöne Unikate.

■ Nordiska Kompaniet
Hamngatan 18–20][Norrmalm
Tel. 08 762 80 00][www.nk.se
🅣 Kungsträdgården
Mo–Fr 10–20, Sa 10–18, So 12–17 Uhr
»Warenangebot als kulturelles und kommerzielles Theater«, das war 1902 die Idee von Josef Sachs, dem Gründer des Nobelkaufhauses, das jeder unter dem Kürzel »NK« kennt. Der Anspruch ist bis heute lebendig: breites, edles Angebot in über 100 Boutiquen auf sechs Stockwerken – ein Shoppingtempel vergleichbar mit dem Berliner KaDeWe und dem Londoner Harrods.

■ PUB
Hötorget/Ecke Drottninggatan
Norrmalm][www.pub.se
🅣 Hötorget
Mo–Fr 10–19, Sa 10–18, So 11–17 Uhr
Nicht Kneipe, sondern Kaufhaus: Die Abkürzung steht für Paul Urban Bergström. Markenmekka mit über 600 Herstellern von Kleidung bis Hausrat.

■ Sturegallerian
Grev Turegatan 9][Östermalm
www.sturegallerian.se
🅣 Östermalmstorg
Mo–Fr 10–19, Sa 10–17, So 12–17 Uhr
Exklusive Einkaufspassage in Östermalm. In 60 Geschäften ist alles vertreten, was Rang, Namen und seinen Preis hat: A wie Armani, B wie Bang & Olufsen, S steht für Sturebadet, einen Wellnesstempel für Anspruchsvolle.

Sport- und Freizeit

■ Fjällräven Center
Kungsgatan 68][Norrmalm
Tel. 08 21 26 50][www.fjallraven.se
🅣 Hötorget
Mo–Fr 10–18, Sa 10–15 Uhr
»Indoor« findet man hier wirklich alles für das Abenteuer »Outdoor«. Das legendäre schwedische Unternehmen Fjällräven bietet Ausrüstungsgegenstände mit Konzept und Qualität, die ihren Preis wert sind.

■ The Stadium
Hamngatan 26][Norrmalm
www.stadium.se
🅣 Kungsträdgården
Mo–Fr 10–19, Sa 10–18, So 11–17 Uhr
Riesensortiment an Sport- und Freizeitartikeln für die ganze Familie zu durchaus erschwinglichen Preisen. Weitere Filialen gibt es in der Kungsgatan 8

Shopping

(🚇 Östermalmstorg), Sergelgatan 8
(🚇 Hötorget) und Drottninggatan 68
(🚇 Centralen).

Bücher

Akademibokhandeln
Mäster Samuelsgatan 28
Norrmalm
www.akademibokhandeln.se
🚇 Hötorget
Mo–Fr 10–19, Sa 10–16, So 12–17 Uhr
Allein in Stockholm hat die größte Buchhandelskette Schwedens zehn Filialen. Wer Schmökern möchte, kann das in dem dazugehörigen Cafe tun. Es gibt auch viele englische und sogar einige deutsche Bücher.

Souvenirs

Handfaste
Västerlånggatan 73][**Gamla stan**
Tel. **08 21 07 20**][www.handfaste.se
🚇 Gamla stan
Mo–So 10–18 Uhr
Im Zeichen der Wikinger: Geschenkartikel rund um die Runen.

Delikatessen

■ **Hötorgshallen**
Hötorget][**Norrmalm**
www.hotorgshallen.se
🚇 Hötorget
Mo–Do 10–18, Fr 10–18.30,
Sa 10–16 Uhr
Nicht mit Hunger betreten! Beim Anblick der köstlichen Spezialitäten aus aller Welt sitzt das Portemonnaie vielleicht zu locker.

■ **Östermalms Saluhall**
Östermalmstorg 1][**Östermalm**
www.ostermalmshallen.se
🚇 Östermalmstorg
Mo–Do 9.30–18, Fr 9.30–19,
Sa 9.30–16 Uhr

Das PUB am Hötorget ist Stockholms ältestes Kaufhaus (1882)

Internationale Delikatessen und die Architektur der 1888 eröffneten Markthalle im Stil der Belle Époque sind gleichermaßen Augenschmaus. Einige Marktstände sind kleine Kunstwerke für sich.

Kunsthandwerk

■ **Blås & Knåda**
Hornsgatan 26A][**Södermalm**
Tel. **08 642 77 67**
www.blasknada.com
🚇 Slussen
Di–Fr 11–18, Sa 11–16, So 12–16 Uhr
Hier »blasen & kneten« 45 schwedische Künstler – heraus kommen dabei sehenswerte Unikate aus Glas und Keramik.

■ **Konsthantverkarna**
Södermalmstorg 4][**Södermalm**
Tel. **08 611 03 70**
www.konsthantverkarna.se
🚇 Slussen
Mo–Fr 11–18, Sa 11–16 Uhr
Älteste (seit 1951) und größte (derzeit 85 Mitglieder) Kunsthandwerkerkooperative: exklusive Kunstobjekte und formschöne Gebrauchsgegenstände zum Ansehen und Kaufen (❯ S. 103).

125 Kvadrat
Kocksgatan 17][Södermalm
Tel. 08 640 97 77
www.125kvadrat.com
🚇 Medborgarplatsen
Mo–Fr 11–18, Sa 11–16 Uhr
Ein Name, der sich mit der Anzahl der Quadratmeter veränderte: 1984 begann die Kunsthandwerkerkooperative auf 25 m². Wie viel mehr es geworden sind, zeigt der heutige Name. Viel Platz für schöne Designobjekte.

Mode

Anna Holtblad
Grev Turegatan 13][Östermalm
Tel. 08 54 50 22 20
www.annaholtblad.se
🚇 Östermalmstorg
Mo–Fr 10.30–18.30, Sa 10.30–16. Uhr
Schwedische Designerin für Damenmode: schlichter Chic.

Filippa K
Grev Turegatan 18][Östermalm
www.filippa-k.com
🚇 Östermalmstorg
Designerin, die über die schwedischen Grenzen hinaus bekannt ist. Einer der vielen weiteren Läden ist in der Götgatan 36 (🚇 Slussen).

Vintage-Design in Södermalm

Monki
Sergelgatan 16–18][Norrmalm
Tel. 08 50 89 07][www.monki.com
🚇 Hötorget
Mo–Fr 10–19, Sa 10–18, So 11–18 Uhr
Modelabel mit humanistischen Idealen, dazu Geschäfte, die nach Ökothemen ausgerichtet sind. Junge, freche, farbige Mode. Auch in der Götgatan 19 und 78 (🚇 Slussen) bzw. Hamngatan 37 (🚇 Kungsträdgården).

Retro und Secondhandmode

Beyond Retro
Drottninggatan 77][Norrmalm
Tel. 08 55 91 36 42
www.beyondretro.com
🚇 Rådmansgatan
Mo–Fr 11–19, Sa 11–18, So 11–17
Fundgrube für Retro-Freaks mit Online-Shop! Supersache(n)! Weitere Läden in der Brännkyrkagatan 82 (🚇 Zinkensdamm) und Åsögatan 144 (🚇 Medborgarplatsen).

Grandpa
Fridhemsgatan 43][Kungsholmen
Tel. 08 643 60 81][www.grandpa.se
🚇 Fridhemsplan
Mo–Fr 11–19, Sa 11–17, So 12–16 Uhr
Keine Angst: Im Vintage-Look sieht keiner wie sein eigener Opa aus (❯ S. 103).

Judits Second Hand
Hornsgatan 75][Södermalm
Tel. 08 84 45 10][www.judits.se
🚇 Zinkensdamm
Mo–Fr 11–18, Sa 11–16 Uhr
Markenklamotten und Accessoires von den 1950ern bis zu den 1970ern.

Lisa Larsson Second Hand
Bondegatan 48][Södermalm
www.lisalarssonsecondhand.com
🚇 Medborgarplatsen
Di–Fr 13–18, Sa 11–15 Uhr
Kleidung aus den 1930ern bis 1970ern.

Am Abend

Nachtschwärmer finden in Stockholm ein breites Angebot. Fahren Sie einfach mit der U-Bahn zur Station Medborgarplatsen in Södermalm und bummeln Sie durch SoFo › S. 122, den Ausgehbezirk südlich der Folkungagatan. Kneipen und Bars findet man dort zur Genüge. Wer lieber mit einer festen Adresse im Kopf loszieht, für den gibt es hier einige Tipps.

Theater/Oper/Konzerte/Tanz

■ Kungliga Dramatiska Teatern – Dramaten
Nybroplan][**Östermalm**
Tel. 08 667 06 80
www.dramaten.se
🚇 Östermalmstorg
Ganz große Bühne! Im prächtigen Jugendstilbau von Anfang des 20. Jhs. (› S. 100) war schon Ingmar Bergman Intendant.

■ Drottningholms slottsteater
Schlosshof von Drottningholm
Tel. 07 71 70 70 70][www.dtm.se
Mit dem Schiff (www.stromma.se) **Einzigartiges Rokokotheater von 1766** (› S. 129) mit originaler Bühnenmaschinerie aus Holz und 30 ursprünglichen Kulissen aus dem 18. Jh.

■ Stadsteatern
Sergels torg 7][**Norrmalm**
Tel. 08 50 62 02 00
www.stadsteatern.stockholm.se
🚇 Centralen
Klassiker im modernen Gewand.

■ Kungliga Operan
Gustav Adolfs torg][**Norrmalm**
Tel. 08 791 44 00][www.operan.se
🚇 Kungsträdgården
Die Königliche Oper (› S. 82) besteht den internationalen Vergleich.

■ Konserthuset
Hötorget 8][**Norrmalm**
Tel. 08 50 66 77 88
www.konserthuset.se
🚇 Hötorget
Hier spielen die Königlichen Philharmoniker (› S. 77); auch Gastspiele berühmter internationaler Solisten.

■ Berwaldhallen
Dag Hammarskjölds väg 3
Östermalm][Tel. 08 784 18 00
www.berwaldhallen.se][Bus 69
Fantastische Akustik in der modernen Konzerthalle des Rundfunksymphonieorchesters und Rundfunkchors.

■ Gröna Lund
Lilla allmänna gränd 9][**Djurgården**
Tel. 08 58 75 01 00
www.gronalund.com][Bus 44
Ende April–Mitte Sept., wechselnde Öffnungszeiten
Am Tag Vergnügungspark (› S. 114) für die Kleinen, am Abend Rummel und auch Konzertstätte mit vielen bekannten Künstlern für die Großen.

■ Ericsson Globe
Globentorget 2][**Johanneshov**
Tel. 07 71 31 00 00
www.globearenas.se][🚇 Globen
Wie der Name schon sagt: rund wie ein Globus – mit Platz für bis zu 16 000 Zuschauer für Konzerte von Spitzenstars oder für Sport-Events (› S. 129).

■ Dansens Hus
Barnhusgatan 12–14][**Norrmalm**
Tel. 08 508 99 90 90

Die Icebar im Nordic Sea Hotel

www.dansenshus.se][❶ Hötorget
Stockholms Tanz-Avantgarde.

Musik

■ **Fasching**
Kungsgatan 63][**Norrmalm**
Tel. 08 53 48 29 60
www.fasching.se][❶ Centralen
Mo–Do 18–1, Fr, Sa 18–4,
So 17–1 Uhr
Toller Jazz – nicht nur in der Faschingszeit, wenn ein **besonderes Programm mit Weltklassemusikern** aufgefahren wird.

■ **Nalen**
Regeringsgatan 74][**Norrmalm**
Tel. 08 50 52 92 00
www.nalen.com][❶ Hötorget
Restaurant: Mo–Fr 11.30–23,
Sa 17–23 Uhr; Bar: Fr, Sa 18–2 Uhr
Hinter der schneeweißen Fassade vom Ende des 19. Jhs. wird im Nalen mit einigen 100 Konzerten pro Jahr schwer gerockt.

■ **Wirströms Pub**
Stora Nygatan 13][**Gamla stan**
Tel. 08 21 28 74
www.wirstromspub.se
❶ Gamla stan
Mo–Sa 11–1, So 12–1 Uhr

Gemütlicher irischer Pub für Liebhaber von Single Malt und Live-Music.

■ **Stampen**
Stora Nygatan 5][**Gamla stan**
Tel. 08 20 57 93][www.stampen.se
❶ Gamla stan
Musik: Mo–Do 20–1, Fr, Sa 20–2,
Sa 14–18 Uhr Blues Jam
Jazz- und Blues-Pub mit Tradition. Die (kostenlose) Blues-Jam-Session am Samstagnachmittag ist stadtbekannt.

Kleinkunst/Musical

■ **Wallmans Salonger**
Teatergatan 3][**Blasieholmen**
Tel. 08 50 55 60 00
www.wallmans.com
❶ Kungsträdgården
Di–Do 18.30–1, Fr, Sa 18.30–2 Uhr
Akrobatik zum Dinner. Unten im Saal wird gegessen, oben auf der Bühne zeigen Artisten, was sie drauf haben

■ **Mosebacke Etablissement**
Mosebacke torg 3][**Södermalm**
Tel. 08 53 19 94 90
www.mosebacke.se][❶ Slussen
Tgl. ab 17, Sa, So ab 11 Uhr
Seit 300 Jahren Unterhaltungskultur, die das Publikum bei der Stange hält.

■ **Cirkus**
Djurgårdsslätten 43–45
Djurgården][Tel. 08 660 10 20
www.cirkus.se][Bus 44
Bildhübsches Zirkusgebäude aus dem Jahr 1892 für verschiedenste Veranstaltungen, auch Musicals – von den ABBA-Boys Benny und Björn.

■ **Oscarsteatern**
Kungsgatan 63][**Norrmalm**
Tel. 08 20 50 00
www.oscarsteatern.se
❶ Centralen
Theaterpalast von 1906 – heute eine reine Musicalbühne.

Am Abend

■ Regina Operamathus
Drottninggatan 71A][Norrmalm
Tel. 08 411 63 20
www.regina-operamathus.com
🚇 Centralen
Skurriles Theater mit Spaghetti & Vino.

Selbst tanzen

■ Sturecompagniet
Sturegatan 4][Östermalm
Tel. 08 611 78 00
www.sturecompagniet.se
🚇 Östermalstorg
Do–Sa 22–3 Uhr
Nachtclub mit Diskothek über zwei Stockwerke und vier Räumen um ein Atrium. Für Leute mit tatsächlichen oder gefühlten 23 bis 30 Jahren.

■ Debaser
Karl Johans torg 1][Gamla stan
Tel. 08 30 56 20][www.debaser.se
🚇 Slussen
Chillen oder tanzen. Hier geht beides.

Bars/Nachtclubs

■ Cliff Barnes
Norrtullsgatan 45][Vasastan
Tel. 08 31 80 70][www.cliff.se
🚇 Odenplan
Mo 11–22, Di–Do 11–24,
Fr, Sa 17–1 Uhr
Die Dallas-Generation weiß sofort: Es handelt sich um Feind Nr. eins von J.R. American Kitchen, was sonst?

■ Icebar im Nordic Sea Hotel
Vasaplan 2][Norrmalm
Tel. 08 50 56 35 20
www.nordicseahotel.com
🚇 Centralen][Im Voraus buchen!
Echt gut! Total eisig: **Eine Bar aus insgesamt 20 t Eis,** wo sich Eiswürfel bei Drinks aus Eisgläsern und minus 5 °C Raumtemperatur erübrigen. Handschuhe und Thermomantel werden gestellt.

■ Cafe Opera
Operahuset][Karl XII:s torg
Tel. 08 676 58 07
www.cafeopera.se
🚇 Kungsträdgården
Mi–So 22–3 Uhr
Eine heiße Nacht im Nobelnachtclub Cafe Opera, wo die Pop-Ikone Madonna nur eine unter vielen VIPs war.

■ Spy Bar
Birger Jarlsgatan 20][Östermalm
Tel. 08 54 50 76 55
www.sturecompagniet.se
🚇 Östermalmstorg oder 🚇 Hötorget
Top Hotspot für Leute, die das Mindestalter von 23 Jahren knapp überschreiten und mal einen Promi peilen wollen.

Die besten Nightlifeadressen

■ In **SoFo** findet jeder eine Kneipe oder Bar nach seinem Geschmack. › S. 122

■ Abends ins **Drottningholms slottsteater** zu gehen lohnt sich auch für diejenigen, die kein Schwedisch verstehen. Hier ist das Theatergebäude der eigentliche Star. › S. 39

■ In dem kultigen Jazzclub **Fasching** sind immer wieder Weltstars zu Gast. Praktisch: Vor dem Konzert kann man hier auch essen. › S. 40

■ Der Klassiker in Södermalm mit Bar, Kneipe, Biergarten, Musik- und Theaterbühne: Im **Mosebacke Etablissement** ist für jeden etwas dabei. › S. 40

■ Nichts für einen längeren Aufenthalt, aber für den witzigen Einstieg in eine sommerliche Kneipentour ist die **Icebar** perfekt. › S. 41

Special
Sport in der Stadt

Die Lage am Wasser und die vielen Parks und Grünflächen prädestinieren Stockholm geradezu als Sportstadt. Aber auch wer lieber den anderen beim Sport zusieht, kommt in Stockholm auf seine Kosten.

Paddelnd durch Stockholm

Am schönsten erlebt man Stockholm vom Wasser aus. Das kann man an Bord eines der vielen Ausflugsboote machen, oder aber man paddelt selbst von Sehenswürdigkeit zu Sehenswürdigkeit. An mehreren Stellen der Stadt kann man Boote mieten:

■ **Djurgårdsbrons sjöcafé**
Galärvarvsvägen 2][Djurgården
Tel. 08 660 57 57
Bus 44
Direkt an der Brücke.

■ **Brunnsvikens Kanotcentral**
Frescati Hagväg 5
Norra Djurgården
Tel. 08 15 50 60
www.bkk.se (nur auf Schwedisch)
🚇 Universitetet
Im Universitätsviertel.

Baden im Stadtzentrum

In Stockholm ist man stolz drauf, mitten in der Stadt baden zu können. Das Wasser ist sauber, in jedem Stadtviertel gibt es einen oder mehrere Strände. Die beliebtesten Badestellen im Zentrum sind Långholmsbadet auf Södermalm und Reimersholme (jeweils rund 10 Min. zu Fuß von 🚇 Hornstull). Ebenfalls beliebt ist das Smedsuddsbadet › S. 93 auf Kungsholmen (ca. 10 Min. zu Fuß von 🚇 Fridhemsplan). Besonders

Special][Sport

Familien verbringen hier gerne ihre Sommertage. Sonnenhungrige Stockholmer zieht es in den benachbarten Rålambshovsparken › S. 93.

Die Badestellen auf den Fjäderholmarna › S. 132, den nächst gelegenen Schäreninseln zum Zentrum, erreicht man in nur 30 Min. mit dem Boot von Slussen oder Nybroplan aus.

Laufen durch die Stadt

Stockholm ist eine Stadt der Läufer. In den Parks sind jeden Tag die Jogger unterwegs. Perfekte Bedingungen zum Laufen findet man auf Djurgården › S. 104. Hier führen Wander- und Spazierwege kreuz und quer über die Insel. Besonders schön: Viele Joggingrouten führen unmittelbar am Wasser entlang.

Mehrmals jährlich finden in Stockholm große Laufveranstaltungen statt. Am bekanntesten ist der **Stockholm Marathon** Anfang Juni › S. 58. Beim größten und teilnehmerstärksten Marathonrennen in Nordeuropa sind Jahr für Jahr mehr als 20 000 Läufer am Start.

Beim Midnattsloppet, dem **Mitternachtslauf** Mitte August › S. 59, geht es 10 km durch den Stadtteil Södermalm. Beginn ist ab 22 Uhr. Hier sind insbesondere Hobbyläufer am Start – und auch so mancher Ungeübte, der im Freundeskreis eine Wette einzulösen hat.

Ende August/Anfang September gehört Stockholm dann den Frauen, denn bei der **Tjejmilen** › S. 59, die ebenfalls über 10 km führt, sind Männer nur im Publikum erlaubt.

Bei **Stockholm Jogging Tours** kann man Sightseeing und Laufen ideal miteinander verbinden. Diese alternativen Stadttouren führen nämlich im Laufschritt durch die Stadt (www.stockholmjogging tours.com).

Zuschauen beim Sport: Eishockey und Fußball

Im Land des mehrfachen Eishockeyweltmeisters kommen Eishockeyfans natürlich besonderes auf ihre Kosten. **Hovet** ist die Heimarena der beiden Erstligamannschaften von Djurgården IF und AIK Solna. Die Lokalderbys werden in der benachbarten großen **Globearena** ausgetragen (› S. 129; www.globearenas.se, 🚇 Globen).

Fußballfreunde können in Stockholm die Spiele mehrerer schwedischer Spitzenmannschaften anschauen. Djurgården IF spielt im alten **Olympiastadion** von 1912 (› S. 101; 🚇 Stadion), AIK Solna tritt im **Råsunda Stadion** an (Solnavägen 51, Solna, 🚇 Solna Centrum). Hier trägt auch die schwedische Nationalmannschaft die meisten ihrer Heimspiele aus.

Der erst kürzlich in die 1. Liga aufgestiegene Syrianska FC Södertälje empfängt seine Gegner in der kleinen **Södertäljes Fotbollsarena**, in der nur 6500 Zuschauer Platz finden (Genetaleden 3, Södertälje).

Land & Leute

Steckbrief][Geschichte im Überblick][Natur und Umwelt][Die Menschen][Kunst und Kultur][Feste und Veranstaltungen

Steckbrief
Stockholm

Verwaltungseinheiten: Die Gemeinde Stockholm gliedert sich in 14 Stadtbezirke
Sprache: Schwedisch
Religion: Rund 75 % evangelisch-lutherische Christen
Landesvorwahl: +46
Währung: Schwedische Kronen (SEK)
Zeitzone: MEZ und MESZ

Fläche: 187 km²
Geografische Lage: 18° 3' östlicher Länge und 59° 20' nördlicher Breite
Einwohnerzahl: 855 000, die Metropolregion Großstockholm hat ca. 2 100 000 Einw.
Bevölkerungsdichte: 4570 Einw./km²
Bevölkerung: Überwiegend Schweden, Ausländeranteil ca. 9 %

Lage und Struktur

Die schwedische Hauptstadt liegt am Ausfluss des 120 km langen Mälarsees in die Ostsee. Mitten in der Stadt trennt eine Schleuse das Süßwasser des Mälarsees vom Salzwasser der Ostsee. Im Osten von Stockholm liegt ein Schärengarten *(Skärgården)* mit rund 24 000 größeren und kleineren Inseln, die nur dünn besiedelt sind und überwiegend als Naherholungsgebiet genutzt werden. Die Stadt ist auf 14 Inseln erbaut, die heute mit 54 Brücken verbunden sind. Rund 30 % der Stadtfläche besteht aus Wasser, ein großer Teil des Stadtgebiets zudem aus Wald und Grünflächen. Die historische Keimzelle der Stadt liegt auf Gamla stan, einer Insel, die wie ein Korken im Flaschenhals zwischen Mälarsee und Ostsee sitzt. Dieser strategisch günstigen Lage an einem wichtigen Wasserweg verdankt Stockholm seine Gründung im 13. Jh. durch Birger Jarl. Als die zentrale Insel zu klein wurde, hat sich die Stadt nach und nach in die *malmarna*, die Erzhügel der Umgebung ausgedehnt, in die heutigen Stadtteile Södermalm, Östermalm und Norrmalm. Dazu kommen noch die grüne Insel Djurgården und Kungsholmen, die Königsinsel.

Steckbrief

Staat und Politik

Die Metropolregion Großstockholm *(Storstockholm)* umfasst seit 2005 die gesamte Provinz Stockholm *(Stockholms län)*. Die Stadt ist sowohl Sitz des schwedischen Parlaments als auch der schwedischen Regierung. Staatsoberhaupt ist König Carl XVI. Gustav, der allerdings nur repräsentative Aufgaben hat. Im Königlichen Schloss *(Kungliga slottet)* › S. 64 unterhält er einige Büros, seinen Wohnsitz jedoch hat er mit seiner Familie schon lange auf Schloss Drottningholm › S. 128 vor den Toren der Stadt.

Stockholms höchstes politisches Organ ist das Stadtparlament *(kommunfullmäktige)* mit 101 Abgeordneten, das alle vier Jahre gewählt wird. Dem Stadtparlament nachgeordnet sind die Stadtregierung *(kommunstyrelse)* und die Bezirksausschüsse *(stadsdelsnämnd)*.

Wirtschaft

Stockholm besitzt einen wichtigen Fährhafen mit regelmäßigen Verbindungen nach Helsinki, Turku, Tallinn, St. Petersburg und zu den Ålandinseln. Der Flughafen Arlanda nördlich der Stadt ist der größte des Landes. 85 % aller Beschäftigten arbeiten im Dienstleistungsbereich, nur 10 % in der Industrie. Schwerindustrie existiert in der Umgebung der Hauptstadt so gut wie gar nicht, was sie zu einer der saubersten Metropolen weltweit macht.

Stockholm ist nicht nur Hauptstadt, sondern auch das unumstrittene wirtschaftliche und kulturelle Zentrum des Landes, was die Stadt stetig weiterwachsen lässt. Fast die Hälfte aller größeren Unternehmen des Landes hat ihren Hauptsitz in Stockholm. Zu den großen Unternehmen der Region zählen Ericsson, IBM Svensk, Electrolux sowie diverse Arzneimittelhersteller und der Bonnier-Konzern. Im Nordwesten der Stadt ist in Kista eines der größten IT-Zentren Europas entstanden.

Wissenschaft

Insgesamt gibt es 16 Hochschulen, die bedeutendsten sind die Universität Stockholm mit über 60 000 Studenten und die Königlich Technische Hochschule (KTH) mit rund 16 000 Studierenden. Ferner haben die Schwedische Akademie, die Königliche Schwedische Akademie der Wissenschaften und die Nobel-Stiftung ihren Sitz in Stockholm.

Tourismus

In den letzten Jahren hat sich der Tourismus zu einem immer wichtigeren Wirtschaftszweig entwickelt. Mittlerweile zählen die Statistiker pro Jahr mehr als 8 Mio. Übernachtungen, wobei sie davon ausgehen, dass die stetigen Zuwächse der letzten Jahre auch in Zukunft anhalten werden. Diese Entwicklung trifft nicht nur für Stockholm, sondern für ganz Schweden zu. Die meisten Besucher kommen aus dem Nachbarland Norwegen, dicht gefolgt von Gästen aus Deutschland.

Geschichte im Überblick

1252 In einem Schutzbrief wird Stockholm erstmals erwähnt, wörtlich als Stokholm. Es gibt keine historischen Belege für eine Existenz Stockholms vor dieser Zeit. Die ersten Häuser werden auf der Insel Stadsholmen, dem heutigen Gamla stan, erbaut.

1289 Stockholm wird in einem Dokument als die bevölkerungsreichste Stadt des Königreichs beschrieben.

1296–1478 Großer Einfluss der Hanse auf Stockholm. Viele Mitglieder der Stockholmer Bürgerschaft sind Deutsche. Dem Rat der Stadt gehören zu gleichen Teilen deutschsprachige und schwedischsprachige Bürger an.

14. Oktober 1471 In der Schlacht am Brunkeberg (heute ein Teil des Stadtbezirks Norrmalm) erkämpft Sten Sture mit Unterstützung der Stockholmer Bürger einen Sieg über den dänischen König Christian I., als der versucht, Schweden zu erobern.

1518 Der dänische König Christian II. belagert Stockholm vergebens, nimmt die Stadt aber schließlich 1520 nach einer neuerlichen Belagerung durch Verrat ein.

8. November 1520 Christian II. lockt mehr als 80 aufständische schwedische Adelige in einen Hinterhalt, lässt sie gefangen nehmen und hinrichten. Der Tag geht als »Stockholmer Blutbad« in die Geschichte ein.

1523 Der junge Adelige Gustav Eriksson, der dem Stockholmer Blutbad entkommen war, stellt eine Armee gegen Christian II. zusammen und vertreibt ihn schließlich aus Schweden. Am 6. Juni 1523 wird Gustav Eriksson als Gustav Wasa zum König gewählt. Der schwedische Nationalfeiertag erinnert an dieses Datum.

1600–1630 Die Einwohnerzahl von Stockholm verdoppelt sich auf knapp 15 000. Das Wohngebiet im Bereich von Gamla stan wird zu klein. Da südlich der Stadt, dort wo heute Södermalm liegt, steile Felsen den Ausbau zunächst unmöglich machten, erfolgt ein Ausbau in Richtung Norden – der Vorort Norrmalm entsteht.

1622 Der Stockholmer Magistrat führt Einfuhrzölle auf alle Waren ein, die die Bauern aus dem Umland zum Verkauf in die Stadt bringen. Die Stellen, an denen man den Zoll entrichten musste, haben bis zum heutigen Tag ihre Namen behalten: Norrtull (*tull* = Zoll), Skanstull, Roslagstull oder Hornstull.

1628 Im Auftrag von König Gustav II. Adolf wird das damals größte Kriegsschiff Europas erbaut. Die »Vasa« kentert aber schon auf der Jungfernfahrt im Stockholmer Hafen.

1634 Obwohl Stockholm seit Langem die wichtigste Stadt des

Geschichte im Überblick

Landes ist, wird sie erst jetzt unter der Verwaltung des Reichsverwesers Axel Oxenstiema zur Hauptstadt.

1640–1718 Während der »Großmachtszeit« steigt Schweden zur Weltmacht auf. Das Gesicht der Hauptstadt wird aufpoliert. Staatliche Prunkbauten und reich ausgestattete Bürgerhäuser werden erbaut. In diese Periode fallen unter anderem auch der Bau des Schlosses Drottingholm und des Riddarhuset.

1700–1718 Unter König Karl XII. erreicht Schweden den Gipfel seiner Macht. Nach mehreren siegreichen Kriegen gegen Russland, Polen-Sachsen und Dänemark reicht das schwedische Staatsgebiet bis nach Vorpommern und Estland.

1713/1714 Stockholm wird von der Pest heimgesucht.

1718 Karl XII. fällt im Krieg gegen Dänemark-Norwegen bei der Belagerung der Festung Fredriksten. Schweden wird zu nachteiligen Friedensverträgen gezwungen und büßt seine Großmachtstellung ein.

1721 Nach dem Ende des Großen Nordischen Krieges stagniert die Entwicklung der Stadt. Die Bevölkerung wächst kaum noch. Unter dem kunstbegeisterten König Gustav III. entwickelt sich Stockholm ab 1771 zu einem wichtigen kulturellen Zentrum. Das Schloss und die Königliche Oper werden gebaut, die Svenska Akademien zur Förderung der schwedischen Sprache und Literatur gegründet.

1956 gefunden: die stolze »Vasa«, das Kriegsschiff im Vasamuseet

1792 Der schwedische Adel verschwört sich gegen König Gustav III. Er wird während eines Maskenballs in der Stockholmer Oper erschossen.

1809 In den Napoleonischen Kriegen verbündet sich Schweden mit England gegen Frankreich und Russland. Nach dem verlorenen Finnischen Krieg gegen Russland verliert Schweden Finnland, das nun ein autonomes Großfürstentum im Zarenreich wird. Als Folge der Niederlage wird König Gustav IV. Adolf abgesetzt. Die neue Verfassung schränkt die königliche Macht ein. Gustavs Onkel, der kinderlose Karl XIII., wird als neuer König eingesetzt.

1810 Karl XIII. adoptiert Jean Baptiste Bernadotte, einen Marschall Napoleons, der dadurch zum Thronfolger wird.

1814 Weil Dänemark Frankreich in den Napoleonischen Kriegen unterstützt hat, müssen die Dänen nach der französischen Niederlage Norwegen abtreten. Nutznießer ist Schweden, dem Norwegen zugesprochen wird.

1818 Nach dem Tod Karls XIII. folgt ihm Bernadotte unter dem Namen Karl XIV. Johan auf den Königsthron. Er ist der Ahnvater des heutigen Königshauses.
Mitte 19.Jh. Die Industrialisierung bringt einen neuen Boom – und neue Probleme. Arme Landarbeiter strömen, von der Aussicht auf Arbeit angelockt, in die Stadt. Es entstehen die ersten Slums. Besonders schlecht sind die sanitären Verhältnisse im Arbeitervorort Södermalm.
1878 Die Stockholmer Hochschule wird eröffnet.
1891 Skansen, das größte Freilichtmuseum der Welt, öffnet seine Pforten.
1901 Erstmals werden die Nobelpreise in Stockholm verliehen. Zu den ersten Preisträgern gehört auch der deutsche Physiker Wilhelm Conrad Röntgen.
1901 Die ersten elektrischen Straßenbahnen fahren durch Stockholm.
1912 In Stockholm finden die Olympischen Sommerspiele statt.
1914–1918 und 1939–1945 Schweden bleibt sowohl im Ersten als auch im Zweiten Weltkrieg neutral.
1950 Die erste U-Bahn-Linie, die zwischen Gullmarsplan und Hökarängen verkehrt, wird eröffnet.
1956 Das Wrack der »Vasa« wird entdeckt, 1961 gehoben und in einem neu geschaffenen Museum ausgestellt.
1950–1970 Stadtsanierung im Stadtteil Norrmalm. Historische Gebäude aus dem 17.–19. Jh. werden abgerissen, um Zweckbauten Platz zu machen.
1965 Als Folge der Proteste gegen den rücksichtslosen Umbau des Zentrums wird Gamla stan unter Denkmalschutz gestellt.
1971 Bürgerproteste gegen Baumfällarbeiten im Zuge des U-Bahn-Baus. Im »Ulmenkrieg« verhindern Bürgerinitiativen, dass am Kungsträdgården alte Bäume gefällt werden.
1976 Die Deutsche Silvia Sommerlath heiratet Carl XVI. Gustaf und wird Königin von Schweden. Das Paar lernte sich 1972 während der Olympischen Spiele in München kennen.
1980 In einer Volksabstimmung wird der schrittweise Ausstieg aus der Atomenergie bis zum Jahre 2000 beschlossen. Später wird das Ausstiegsdatum auf 2010 verlegt und schließlich ganz aufgehoben.
1986 Der damalige Ministerpräsident Olof Palme wird nach einem Kinobesuch auf offener Straße erschossen. Der Mörder wurde bis heute nicht gefunden.
1995 Schweden tritt der EU bei.
1998 Stockholm wird Kulturhauptstadt Europas.
2003 Die schwedische Außenministerin Anna Lindh wird in einem Kaufhaus von einem psychisch gestörten Attentäter niedergestochen und stirbt. Im gleichen Jahr stimmen die Schweden gegen die Einführung des Euro.
2006 Im traditionell sozialdemokratisch regierten Schweden übernimmt eine Mitte-Rechts-Regierung unter dem konservativen Parteichef Fredrik Reinfeldt

Natur und Umwelt

die Regierung. Reinfeldt kann die Macht bei den Wahlen 2010 verteidigen.
2007 Die Innenstadtmaut für Kraftfahrzeuge wird eingeführt.
2010 Kronprinzessin Victoria heiratet in der Storkyrkan ihren Verlobten Daniel Westling.
2010/2011 Ein Skandal um König Carl XVI. Gustaf erschüttert das Königshaus. Ihm werden u. a. sexuelle Verbindungen zu Prostituierten vorgeworfen.
2012 Baubeginn zur Umgestaltung des Slussen (Schleuse), des nach dem Hauptbahnhof zweitgrößten Verkehrsknotenpunktes der Stadt, nach einem Modell der Architekturbüros Foster + Partners und Berg Arkitektkontor.

Natur und Umwelt

Stockholm ist eine ausgesprochen grüne Stadt, die durch ihre Lage auf 14 Inseln zwischen Mälarsee und Ostsee noch zusätzlich an Reiz gewinnt. In Zentrumsnähe gibt es kleine Parks wie Vasaparken, Kronobergsparken, Rålambshovparken, Humlegården und Långholmsparken. Wer jedoch nur wenige Minuten aus der City hinausfährt, fühlt sich schon wie auf dem Land, vor allem auf der Insel Djurgården, in Ladugårdsgärdet und im Hagaparken.

Das Wasser mitten in der Stadt ist so sauber, dass so mancher Stockholmer die Angel auswirft und auch gar nicht so selten mit einem guten Fang nach Hause geht. Wem nach einem erfrischenden Bad ist, kein Problem: klares Wasser, Sandstrände und blank geschliffene Felsen gibt es u. a. auf Långholmen. Damit das auch so bleibt, wurde 1996 in Stockholm der weltweit erste Nationalstadtpark eingerichtet › S. 105.

Zur Verbesserung der Luftqualität hat die Stadtverwaltung 2007 eine City-Maut für Autofahrer eingeführt; auf diese Weise soll – zusammen mit der konsequenten Parkraumbewirtschaftung – der Autoverkehr in der Innenstadt in Grenzen gehalten werden. Darüber hinaus lassen sich problemlos City Bikes (› S. 22) ausleihen, was mehr Menschen dazu bringen soll, kurze Strecken in der Stadt mit dem Fahrrad zurückzulegen.

Der Echotempel im Hagapark

Die Menschen

In Stockholm leben 855 000 Menschen, die Metropolregion zählt ca. 2,1 Mio. Einwohner. Letztere stellen mehr als 20 % der insgesamt 9,5 Mio. Schweden. Obwohl der Großraum Stockholm für schwedische Verhältnisse extrem dicht besiedelt ist, sucht man großstädtische Hektik vergeblich.

Ein extrem freundlicher Umgangston ist deswegen auch in Stockholm, wie in Schweden generell, die Regel. »Tack« – »Danke«, das ist die passende Antwort in nahezu jeder Lebenssituation. Egal, ob man etwas gekauft oder verkauft hat, egal, ob man etwas gefragt oder eine Antwort gegeben hat: Immer wenn man in Kontakt mit anderen Menschen steht, gibt es einen Grund, sich zu bedanken. Der Käufer bedankt sich, weil ihm etwas verkauft wurde, der Verkäufer, dass man bei ihm eingekauft hat. Der Fragende für die Antwort, der Gefragte dafür, dass man ihm die Frage gestellt hat. Die richtige Antwort auf ein »tack« ist – ganz logisch – »tack, tack«. Mit dem doppelten Dank bedankt man sich dafür, dass sich der andere bedankt hat.

Schweden bedanken sich auch einfach dafür, dass sie jemanden getroffen haben. »Tack för senast« – »Danke für das letzte Mal« ist deswegen eine häufig gehörte Begrüßungsfloskel. Noch wichtiger ist es, sich zu bedanken, wenn man eingeladen wurde. Dann gehört der Griff zum Telefonhörer am Tag nach der Einladung zum absoluten Muss. Ein »tack för senast« ist dann noch der kleinste Dank, dem man seinem Gastgeber zukommen lässt.

Weil Schweden extreme Höflichkeit gewohnt sind, wirkt deutsche Stoffeligkeit auf sie äußerst befremdlich. Touristen sollten sich deswegen das ein oder andere zusätzliche »tack« in den Koffer packen.

Selbst negative Antworten oder Absagen werden in Schweden freundlich verpackt – und meist zusammen mit einer langen Erklärung geliefert. Manchmal ist die Freundlichkeit der Schweden aber auch Ausdruck von Konfliktscheue. Normalerweise wird so lange geredet, bis eine Lösung bzw. ein Kompromiss gefunden ist. Geht das nicht, wird nicht etwa gestritten, sondern man stimmt dem anderen irgendwann zu. Scheinbar zumindest. Der Streit ist vermieden – was aber nicht heißt, dass man die Ansicht des anderen wirklich teilt.

Dieser kulturelle Unterschied wird deutschen Touristen manchmal zum Verhängnis. Die sind von zu Hause harte Diskussionen und bestimmtes Auftreten gewöhnt, pochen gerne auf ihrem Standpunkt und rücken nur selten von ihren Forderungen ab. Wer im Hotel beispielsweise seine Beschwerden besonders entschlossen vorbringt, erhöht deswegen die Aussichten auf eine schnelle Behebung des Fehlers keineswegs.

Die Menschen

Für Neues aufgeschlossen: Zuschauer beim Stockholmer Kulturfestival

Freundlichkeit und Bescheidenheit gehen in Schweden Hand in Hand. Deswegen machen die Schweden auch kein Tamtam um Titel. Ein Dr. Jens Lundgren wird sich beispielsweise nie als Promovierter zu erkennen geben oder auf die Nennung seines Titels pochen. Vielmehr wir er sich als »Jens« vorstellen und den Doktortitel keinesfalls erwähnen. Vermutlich hat er ihn nicht einmal auf seiner Visitenkarte vermerkt. Während man in den meisten anderen Ländern danach strebt, der Beste zu sein, bemühen sich die Schweden, so wenig wie möglich aus der Menge herauszuragen. Angeber haben in Schweden schlechte Karten. Wo alle gleich sind, ist auch übertriebene Förmlichkeit fehl am Platz. In Schweden wird mit Ausnahme des Königs jeder geduzt – egal, ob Nachbar, Chef oder Ministerpräsident. Das ist die Konsequenz des »Jantegesetzes«. Das besagt, grob zusammengefasst, dass man niemals glauben soll, etwas Besseres zu sein als die anderen. »Erfunden« hat das Gesetz der dänische Schriftsteller Axel Sandemose in seinem Roman »Ein Flüchtling kreuzt seine Spur« aus dem Jahr 1933. Benannt ist das Gesetz nach der fiktiven dänischen Stadt Jante, Gültigkeit hat es aber im ganzen Norden.

Interpretiert man es positiv, steht das Jantegesetz für Bescheidenheit und Gerechtigkeit. »Lågom«, sagen die Schweden, wenn etwas weder besonders gut, noch besonders schlecht ist – also »genau richtig«. Mittelmaß eben – trotzdem wäre das die völlig falsche Übersetzung. Unser »Mittelmaß« hat nämlich eine negative Bedeutung, das schwedische »lågom« hingegen ist durch und durch positiv gemeint. »Lågom är bäst« – »genau richtig ist es am besten«, lautet eine schwedische Redewendung.

Schon der Ursprung des Wortes »lågom« gibt einen Hinweis auf seine Bedeutung. Früher tranken die Wikinger nämlich alle gemeinsam aus einem einzigen Trinkhorn. Das ging reihum – also »laget om«. Damit es keinen Streit gab, mussten alle gleich viel trinken, jeder so viel, dass es »gerade richtig« war – »lågom« eben.

Will man einem Schweden ein Kompliment machen, dann sagt man ihm, dass er ein ganz normaler Kerl sei, so einer wie alle andern auch. Damit macht man ihm garantiert eine Freude, egal ob er Handwerker, Nobelpreisträger oder der König ist.

Sprache

Schwedisch ist eine nordgermanische Sprache und wird von etwa 10 Mio. Menschen gesprochen. Der offizielle Status der schwedischen Sprache ist seit dem 1. Juli 2009 durch ein Gesetz festgelegt. Alle staatlichen Stellen sind demnach verpflichtet, die schwedische Sprache zu verwenden und zu fördern. Außer in Schweden selbst, spricht man auch noch in Teilen von West- und Südfinnland Schwedisch als Muttersprache. Auffallend bei der Aussprache ist der musikalische Akzent, ein für Ausländer ungewohntes Auf und Ab in der Sprachmelodie. Die Grammatik ist relativ einfach. Es gibt beispielsweise, mit Ausnahme des Genitiv »s«, keine Kasusendungen und bei den Verben kommen keine Personalendungen vor. Das schwedische Vokabular weist Ähnlichkeiten mit dem Deutschen und Englischen auf. Wer diese beiden Sprachen spricht und etwas Fantasie mitbringt, kann auch ohne Vorkenntnisse schon einiges in einer schwedischen Tageszeitung entziffern. Hört man einen Schweden sprechen, wird man aber zunächst nur wenig verstehen. Die Aussprache verlangt Übung. Doch sich zu verständigen ist kein Problem: In kaum einem anderen Land Europas sprechen so viele Menschen so gut Englisch wie in Schweden.

Kunst und Kultur

Im Zentrum Stockholms liegen Gamla stan und Riddarholmen, die zusammen den größten und besterhaltenen mittelalterlichen Stadtkern in Nordeuropa bilden. Seine Geschichte reicht bis ins 13. Jh. zurück. Im Laufe der Jahrhunderte hat sich die schwedische Hauptstadt dann immer weiter nach Norrmalm, Södermalm und Kungsholmen ausgedehnt. Dabei fallen insbesondere die großbürgerlichen Häuser und Paläste in Norrmalm auf, die zwischen dem 18. und dem frühen 20. Jh. entstanden sind. Je weiter man in die Außenbezirke kommt, desto beherrschender wird die moderne Architektur.

Kunst und Kultur

Stadtarchitektur im Wandel

Im 17. Jh. stieg Schweden zur Großmacht auf, was auch die Entwicklung Stockholms entscheidend beflügelte. Innerhalb kurzer Zeit versechsfachte sich die Einwohnerzahl und Stockholm wurde zur Hauptstadt. In dieser Zeit entstanden einige der großen Stadtpaläste, die die Macht des Adels symbolisieren sollten. Erstmals gab es ausgebildete Architekten, bekannte Namen aus dieser Zeit sind Simon de la Vallée (um 1600–1642) und Nicodemus Tessin der Ältere (1615–1681). Ersterer entwarf das Riddarhuset, Letzterer u. a. das Wrangelsche Palais und Schloss Drottningholm. Auf den Inseln und in Östermalm entstanden Stadtviertel mit rechtwinkligem Straßennetz. Als Tessin starb, übernahm sein Sohn Nicodemus Tessin der Jüngere (1654–1728) seine Bauvorhaben. Er ist der Vertreter des Hochbarock, sein Hauptwerk ist das Stockholmer Schloss.

Moderne bunte Stadtfassade

Unter Gustav III. (1746–1792) entwickelte sich Stockholm auch zum kulturellen Zentrum, in diese Zeit fällt die Gründung der Schwedischen Akademie zur Förderung der Sprache und Literatur. In Architektur, Design und Kunsthandwerk hat der König den nach ihm benannten Gustavianischen Stil geprägt, der stark vom französischen Klassizismus und Vorbildern aus der Antike beeinflusst ist. Wichtige Vertreter dieses Stils sind Jean Eric Rehn (1717–1793), Carl Fredrik Adelcrantz (1716 bis 1796) und Louis Masreliez (1748–1810), als Bildhauer ist Johan Tobias Sergel (1740–1814) bekannt. Ein Musterbeispiel des Gustavianischen Stils in Stockholm ist der Pavillon Gustav III. im Hagapark › S. 91.

Nach den Napoleonischen Kriegen investierte der Staat v. a. in militärische Bauten. So ist es auch nicht verwunderlich, dass der bekannteste Architekt des frühen 19. Jhs. Oberst Fredrik Blom (1781–1853) war. Als Liebling des Königs durfte er neben einer Reihe von Kasernen auch die Skeppsholmskirche und das Schloss Rosendal bauen.

Durch die rasche Industrialisierung und Urbanisierung Schwedens in der zweiten Hälfte des 19. Jhs. wuchsen die Städte rasant, was auch in Stockholm erhebliche Bautätigkeiten zur Folge hatte. Herausragendes Bauwerk aus dieser Zeit ist das Nationalmuseum des Deutschen Friedrich August Stüler (1800–1865). Auch für andere Auftraggeber führte er bedeutende Aufträge aus, so für König Friedrich Wilhelm IV. Der produktivste Architekt Schwedens dieser Zeit war Johan Fredrik Åbom (1817–1900), der Berns Salonger im Stil der Neorenaissance entwarf.

Kunst und Kultur

Der Regenbogen in der U-Bahn-Station »Stadion«

Um die Wende vom 19. zum 20. Jh. erfolgte die Abwendung von Historismus und Klassizismus; an deren Stelle traten Jugendstil und Nationalromantik. Beispielhaft für den Jugendstil ist das Königliche Dramatische Theater, für die Nationalromantik stehen das Stockholmer Rathaus und das Stadshuset von Ragnar Östberg (1866–1945).

In den 1930er-Jahren setzte sich der Funktionalismus durch. Auslöser war die Stockholmer Ausstellung für Architektur, Design und Kunsthandwerk. Bis in die 1970er-Jahre wurde im Bereich um den Sergels torg in Norrmalm Kahlschlagsanierung betrieben und Gebäude aus dem 17.–19. Jh. durch moderne funktionale Architektur ersetzt.

Daran schloss sich die Moderne an. Einer ihrer bekanntesten Vertreter ist Gunnar Asplund (1885–1940), der die Stockholmer Staatsbibliothek und den Friedhof Skogskyrkogården entwarf, der heute zum Weltkulturerbe zählt.

Kunst im Untergrund

Ein Kunstprojekt, das sich seit den 1950er-Jahren wie ein roter Faden durch die gesamte Stadt zieht, ist die *tunnelbana*. Schon früh haben sich die Stockholmer ganz bewusst gegen fahles Neonlicht, eintönig gekachelte Wände und riesige Werbetafeln in ihrer U-Bahn entschieden. Stattdessen haben sie der künstlerischen Avantgarde die Ausschmückung der Bahnhöfe überlassen. Das Ergebnis kann sich sehen lassen: Mittlerweile sind fast alle der 100 Bahnhöfe in irgendeiner Weise zum Kunstobjekt geworden. Selbstbewusst sprechen die Stockholmer deshalb auch gerne von der längsten Galerie der Welt. Für den Preis eines U-Bahn-Tickets kann man sich die ganze, mehr als 100 km lange Galerie anschauen, kann Skulpturen, Mosaike, Gemälde, Installationen, Inschriften und Reliefs in Augenschein nehmen.

So bietet die Fahrt durch die Stockholmer Unterwelt immer wieder überraschende Ein- und Ausblicke: Die freundlich lachende Sonne am »Thorildsplan« oder den imaginären Blick durch den Fels auf einen strahlend blauen Himmel. In der Station »Rådmansgatan« weisen Strindbergs stechende Augen den Weg zu seinem Museum. »Solna Centrum« wirkt wie ein Alptraum in Grün und Blutrot, die Wandgemälde »Schweden in den Siebzigern« sollen die Zerstörung der Natur, die Vergiftung der Gewässer und den Tod des Waldes in düsteren Bildern symbolisieren. **Höhepunkt der unterirdischen Bilderreise ist die blaue Linie von »Kungsträdgården« nach »Akalla« und »Hjulsta«.** Beinahe jede Station auf dieser Linie ist ein Kunstwerk, überraschend, faszinierend oder dramatisch, ein überzeugender Sieg über die Monotonie öffentlicher Verkehrsmittel. In der Station »Stadion« fließt ein Regenbogen über die rauen Felswände, strahlt Fröhlichkeit und Optimismus aus.

Stockholmer Literaten

Als kulturelles Zentrum des Landes zieht Stockholm seit jeher Künstler magisch an. So auch August Strindberg (1849–1912), den größten schwedischen Autor, der in der Stadt so manche Spur hinterlassen hat. Strindberg wurde auf der Insel Riddarholmen geboren, seine letzte Wohnung war in der Drottninggatan, in der sich heute das Strindbergmuseum befindet. Sein damaliges Theater, 1907 als »Intima teatern« gegründet, wird seit 2003 wieder mit seinen Stücken bespielt. Auch das rote Zimmer aus Strindbergs gleichnamigen Roman gibt es noch, es befindet sich in Berns Salonger, heute Hotel, Restaurant und Konzertsaal. Strindberg versuchte sich auch als Maler und Fotograf, im Nordischen Museum auf Djurgården werden einige seiner Gemälde und Fotografien gezeigt. Sein Grab befindet sich auf dem Friedhof Norra Begravningsplatsen in der Gemeinde Solna. Strindberg hat mehr als 60 Dramen, zehn Romane, zehn Novellensammlungen und mindestens 8000 Briefe geschrieben. Damit war er einer der produktivsten Autoren Schwedens. Doch den Literaturnobelpreis bekam er nie.

Den jedoch erhielt der 1931 in Stockholm geborene und aufgewachsene Lyriker Tomas Tranströmer 2011. Seine Spuren sind v. a. in Södermalm zu finden: Im fünften Stock des Hauses Folkungagatan 57 hat er den größten Teil seiner Kindheit und Jugend verbracht. Hier begann er seine literarische Karriere. Seit 1993 war Tranströmer, dessen Gesamtwerk nur zwölf Gedichtbände umfasst, jedes Jahr für den Nobelpreis nominiert, trotzdem war seine Wahl 2011 eine Überraschung, da der Lyriker außerhalb Schwedens nur wenigen bekannt war. Die Akademie begründete ihre Entscheidung damit, dass er »uns in komprimierten, erhellenden Bildern neue Wege zur Wirklichkeit weist«. Tranströmers Gedichte sind auf Deutsch im Hansa Verlag erschienen.

Feste und Veranstaltungen

Stockholm ist nicht nur die politische Hauptstadt Schwedens, sondern auch das kulturelle Zentrum des Landes. Entsprechend vielseitig ist das Angebot, aus dem man wählen kann. Seit Stockholm mit dem Globen (› S. 129) eine riesige Mehrzweckarena hat, steht die Stadt fast immer auch auf dem Europatourneeplan von Weltstars.

Für Kinofans ist Schweden ohnehin das perfekte Land, denn hier werden alle Filme im Original mit Untertiteln gezeigt.

Auf www.visitstockholm.se findet man aktuelle Informationen über Veranstaltungen in Stockholm.

Festkalender

Januar/Februar: **Vikingarännet** (Wikingerrennen): kalte Winter vorausgesetzt. Am 80 km langen Schlittschuhrennen zwischen Uppsala und Stockholm nehmen über 2000 Freizeitläufer teil. Je nach Wetterlage findet das Rennen im Januar oder Februar statt (www.vikingarannet.com).

Januar–März: **Vårsalongen** Seit 1921 wird beim Frühlingssalon in der Liljevalchs konsthall Gegenwartskunst ausgestellt – zum Bestaunen und zum Kaufen (www.liljevalchs.com).

Mitte Februar: **Internationale Antiquitätenmesse** Die Fachleute wissen es: Schweden ist ein Mekka für Antiquitäten. Die Stockholmer Messe gehört deswegen zu den größten Events diese Art in Europa (www.antikmassan.se).

Ende Februar: **XL-Gala** Internationales Hallenleichtathletikmeeting im Globen (www.xlgalan.com).

Anfang März: **Ski-Weltcup im Sprint** Das erste Mal 2005 ausgetragen und doch schon eine Tradition: Jedes Jahr im März trifft sich die Weltelite des Langlaufs zum Finale rund um das Stockholmer Schloss.

Ende April: **Stockholmer Kulturnacht** Nacht der offenen Tür in Museen, Theatern, Galerien und anderen kulturellen Einrichtungen. Hunderte von Programmpunkten – und alles kostenlos (www.kultur.stockholm.se).

30. April: **Valborgsmässafton** In der Walpurgisnacht feiern die Schweden die Ankunft des Frühlings. In dieser Nacht geht es in den Kneipen der Hauptstadt hoch her. Das offizielle Fest in Stockholm findet meist auf Riddarholmen statt.

Anfang Juni: **Stockholm Marathon** Beim größten Marathonrennen in Nordeuropa geht es durchs Stadtzentrum zum Stadion: über 20 000 Teilnehmer und noch mehr Zuschauer (www.stockholmmarathon.se).

Juni: **Skärgårdsbåtens Dag** Am Tag der Schärenboote treffen sich Tausende Bootsinhaber mit ihren

Feste und Veranstaltungen

Schiffen zu einer gemeinsamen Fahrt nach Vaxholm.
Mitte/Ende Juni: Midsommar
An Mittsommer (Freitagabend und Samstag zwischen dem 19. und 25. Juni) wird in ganzen Schweden gefeiert. Wer nicht in seinem Ferienhaus ist, der trifft sich im Freilichtmuseum Skansen zum traditionellen Tanz.
Ende Juli/Anfang August: Stockholm Pride Größtes Schwulen- und Lesbenfest Nordeuropas. Höhepunkt ist ein Straßenumzug mit mehr als 100 000 Zuschauern (www.stockholmpride.org).
nicht gut! Juli/August: Parkteatern Festivalen Während der Theaterferien gehen die Schauspieler des Stadttheaters auf eine Tournee durch die Parks von Stockholm und bieten dort Spitzentheater zum Nulltarif (www.stadsteatern.stockholm.se/parkteatern).
Mitte August: Stockholm Kulturfestival *Das* Festival im schwedischen Sommer. Eine ganze Woche feiert Stockholm die Kunst: Kleinkunst, Theater, Konzert – es gibt nichts, was es nicht gibt. Eine ganze Stadt wird zur Bühne (http://kulturfestivalen.stockholm.se). **Midnattsloppet** 10-km-Straßenlauf durch Södermalm. Gestartet wird ab 22. Uhr (www.midnattsloppet.com).
Ende August/Anfang September: Tjejmilen Beim 10-km-Lauf durch Djurgården sind nur Frauen am Start (www.tjejmilen.se).
Oktober: Stockholm Jazz Fest
Dreitägiges Jazzfestival der Spitzenklasse in unterschied-

Stockholm Pride – eines der beliebtesten Festivals in Stockholm

lichen Locations (www.stockholmjazz.com).
Mitte November: Stockholm International Film Festival
Zehn Tage lang werden die filmischen Werke von bekannten und weniger bekannten Regisseuren aus aller Welt gezeigt (www.stockholmfilmfestival.se).
10. Dezember: Nobeldagen
Nobelpreisverleihung im Stockholmer Konserthuset durch König Carl XVI. Gustav. Leider nur für Eingeladene.
13. Dezember: Luciadagen
Krönung der Lichterkönigin Lucia im Freilichtmuseum Skansen.
Vorweihnachtszeit: Weihnachtsmärkte im Freilichtmuseum Skansen und – besonders stimmungsvoll – auf dem Stortorget in Gamla stan.

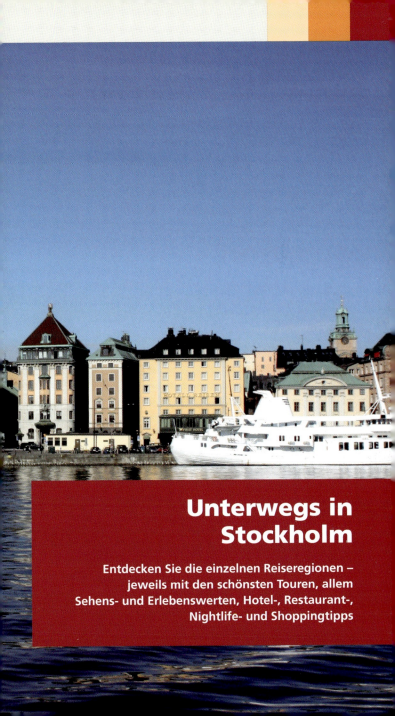

Unterwegs in Stockholm

Entdecken Sie die einzelnen Reiseregionen – jeweils mit den schönsten Touren, allem Sehens- und Erlebenswerten, Hotel-, Restaurant-, Nightlife- und Shoppingtipps

Gamla stan

Nicht verpassen!

- Ein Spaziergang durch Gamla stan am Abend, wenn die Touristen weg sind
- Einmal essen im Gyldenen Freden
- Mit der Stadtfähre nach Djurgården übersetzen, um Gamla stan einmal vom Wasser aus zu sehen
- Eine Pause zum »people watching« auf einer der Bänke auf dem Stortorget
- Beim Schlossbesuch unbedingt auch die Kirche ansehen

Gamla stan][Zur Orientierung

Zur Orientierung

Gamla stan ist, wie der Name »alte Stadt« schon nahelegt, der älteste Teil Stockholms. Die ersten Häuser wurden auf der kleinen Insel im Laufe des 13. Jhs. errichtet. Ein Großbrand im 17. Jh. zerstörte Teile von Gamla stan, in dessen Folge wurden die letzten Holz- durch Steinhäuser ersetzt. Seitdem hat sich die Altstadt kaum mehr verändert. Ein Spaziergang durch die engen Gassen von Gamla stan ist deswegen auch eine Zeitreise, die mehrere Jahrhunderte zurückführt.

Gamla stan ist der schönste Stadtteil in einer der schönsten Städte der Welt – auf einen Abstecher nach Gamla stan sollte man deshalb auf keinen Fall verzichten. Jede einzelne der kleinen Gassen ist eine Sehenswürdigkeit für sich, hinter jeder Kurve gibt es Neues zu entdecken und jeder Häuserdurchgang hält ein anderes Geheimnis bereit. Selbst wenn im Sommer tagsüber die Touristen durch die Straßen drängen, verliert dieses Viertel nicht seinen Reiz. Wer jedoch abends allein die Straßen und Gassen durchstreift, erlebt Gamla stan noch einmal von einer ganz anderen Seite. Dann nehmen auch die Bewohner von ihrer Altstadt wieder Besitz, und in den Kneipen und Restaurant sitzen deutlich mehr Stockholmer als Besucher.

Tour durch Gamla stan

Stockholms historische Mitte

– ❶ – *Riksdagshuset ›
***Kungliga slottet › Kungliga myntkabinettet › Finska kyrkan › **Storkyrkan ›
*Västerlånggatan › **Stortorget › *Nobelmuseum ›
Tyska kyrkan › Postmuseum › Bondeska palatset ›
**Riddarhuset › **Riddarholmskyrkan › Wrangelska palatset › Birger Jarls torn

Dauer: 2–3 Std. reine Gehzeit ohne Besichtigungen
Praktische Hinweise: In der Nebensaison kann das Königliche Schloss am Montag nicht besichtigt werden. Einige Sehenswürdigkeiten sind im Winter ganz geschlossen. Ausgangspunkt der Tour ist ❶ Kungsträdgården (Ausgang zur Oper wählen).

Blick vom Stadshuset auf Riddarholmen und Gamla stan

*Riksdagshuset 1

Der Rundgang zu den Sehenswürdigkeiten von Gamla stan beginnt genau genommen auf der kleinen Insel Helgeandsholmen. Hier gehen die schwedischen Parlamentarier zur Arbeit.

Das Reichstagsgebäude wurde zwischen 1897 und 1905 unter Leitung von Aron Johansson im Stil des Neobarock errichtet. Wer wissen will, wie Johansson ausgesehen hat, findet sein Portrait an der Ostfassade des Gebäudes – der Architekt hat sich mit großem Schnurrbart in einer Steinmetzarbeit über einem Fenster verewigen lassen. Johansson war damals mit dem Bau betraut worden, obwohl den Architektenwettbewerb zum Reichstagsbau ein anderer gewonnen hatte.

In den 1970er-Jahren war der Reichstag zu klein geworden, man brauchte mehr Platz für Büros und einen größeren Plenarsaal. Lange wurde überlegt, das Reichstagsgebäude ganz abzureißen. Schließlich entschied man sich aber für die Kombination von Um- und Anbau. Diese Erweiterung – zwischen 1975 und 1983 umgesetzt – kostete den schwedischen Steuerzahler 540 Mio. Kronen. (Riksgatan 3, www.riksdagen.se, kostenlose Führungen auf Englisch Okt.–Anfang Juni Sa, So 13.30, im Sommer bis Ende Aug. werktags 12, 13, 14 und 15 Uhr; Mitte April–Mitte Juni Mo 18 Uhr schwedischsprachige Führung durch die Kunstsammlungen des Reichstags)

Damals sollte gleichzeitig eine Tiefgarage für die Abgeordneten angelegt werden. Bei den Ausbaggerungsarbeiten stieß man jedoch auf Hausfundamente aus dem 13. Jh. und Reste der Stockholmer Stadtmauer aus dem 16. Jh. Um sie zu erhalten, wurde das **Medeltidsmuseet,** das Museum des Mittelalters, errichtet. Es ist seit 1986 für die Öffentlichkeit zugänglich (Di–So 12–17, Mi bis 19 Uhr, www.medeltidsmuseet.stockholm.se).

***Kungliga slottet 2

Das Königliche Schloss, das in der heutigen Form erst 1770 fertiggestellt wurde, ist nicht das erste Gebäude an diesem Standort. Bereits im 12. Jh. ließ König Knut Eriksson hier eine kleine Wehrburg errichten und etwa 100 Jahre später wurde eine richtige Befestigungsanlage gebaut. Sie wurde in den folgenden Jahrhunderten ständig erweitert und umgebaut.

Das Reichstagsgebäude auf Helgeandsholmen

Gamla stan][Stockholms historische Mitte

Das Schloss wurde so zu einem Gemisch verschiedenster Baustile und verlor im Laufe der vielen An- und Umbauarbeiten seinen Charakter. Deshalb sollte es Ende des 17. Jhs. erneut und diesmal grundlegend verändert werden. Plan um Plan wurde aber verworfen, und vielleicht stünde noch heute am Slottsbacken der zusammengestückelte Bau, wenn nicht durch einen Großbrand im Jahre 1697 die Frage, ob und wie umgebaut werden sollte, auf unerwartete Weise gelöst worden wäre.

Nicodemus Tessin der Jüngere erhielt umgehend den Auftrag, das abgebrannte Schloss wieder aufzubauen, doch schon bald wurde das ehrgeizige Bauvorhaben erneut eingestellt. Inzwischen war der Große Nordische Krieg ausgebrochen und der schwedische König wollte lieber Gewehre und Kanonen, statt ein teures Schloss finanzieren.

– ❶ – Stockholms historische Mitte

❶ Riksdagshuset
❷ Kungliga slottet
❸ Kungliga myntkabinettet
❹ Finska kyrkan
❺ Storkyrkan
❻ Västerlånggatan
❼ Stortorget/Nobelmuseum
❽ Tyska kyrkan
❾ Postmuseum
❿ Bondeska palatset
⓫ Riddarhuset
⓬ Riddarholmskyrkan
⓭ Wrangelska palatset
⓮ Birger Jarls torn

Erst 1721, nach dem Friedensschluss von Nystad, konnte das Bauvorhaben fortgesetzt werden. Der Architekt Nicodemus Tessin der Jüngere erlebte die Fertigstellung seines Meisterwerkes aber nicht mehr. Er verstarb 1728 und nach ihm führten sein Sohn Carl Gustav und Carl Hårleman die Arbeit in seinem Sinne fort. Es dauerte noch 42 weitere Jahre, bis das Schloss 1770 endlich fertiggestellt wurde.

Echt gut! **Das mächtige Renaissancegebäude besteht aus 608 Räumen,** von denen einige vom gegenwärtigen König als Arbeitszimmer genutzt werden. Der Wohnsitz des Königspaares ist allerdings Schloss Drottningholm › S. 128 vor den Toren der Stadt. Trotzdem sind für Besucher nur Teile des Schlosses zugänglich. (Mitte Sept.–Mitte Mai Di–So 12 bis 16 Uhr, Mitte Mai–Mitte Sept. tgl. 10–17 Uhr, www.kungahuset.se.)

Schlossbesichtigung

Königliche Gemächer (Representationsvåningarna): Besichtigt werden können hier u.a. der Ballsaal, das Paradeschlafzimmer, die Galerie König Karls XI. und der Viktoriasalon.

Schatzkammer (Skattkammaren): In der Schatzkammer sind u.a. die schwedischen Reichskleinodien ausgestellt. Noch bis 1970 wurden sie nur einmal zur Eröffnung des Reichstags präsentiert. Besonders sehenswert sind die beiden Reichsschwerter König Gustav Wasas, Augsburger Arbeiten von 1541.

Museum Tre Kronor: Das Museum stellt die Geschichte des Vorgängerschlosses dar, das 1697 einem Großbrand zum Opfer gefallen war. Es befindet sich in den Kellerräumen, den einzigen Teilen des alten Schlosses, die den Brand überstanden hatten.

Schlosskirche (Slottskyrkan): Die Kirche wurde von Carl Hårleman nach Plänen von Nicodemus Tessin dem Jüngeren erbaut. In diesem Gotteshaus werden bis zum heutigen Tag die schwedischen Prinzen und Prinzessinnen getauft. (Mitte Mai–Ende Sept. tgl. 10–17, ganzjährig Sonntagsgottesdienst um 11 Uhr).

Antikenmuseum von Gustav III. (Gustav III:s antikmuseum): König Gustav III. war ein begeisterter Sammler antiker Kunst. Bei seinen Auslandsreisen tätigte er oft seine Einkäufe selbst. Manches Mal scheint der König beim Kauf der Pretiosen aber keine glückliche Hand gehabt zu ha-

Wachablösung am Schloss

Gamla stan][Stockholms historische Mitte

Stockholms Stadtschloss zählt zu den größten Schlossbauten der Welt

ben – einige der von ihm erworbenen Stücke erwiesen sich im Nachhinein als Fälschungen! (Mitte Mai bis Mitte Sept. tgl. 10–17 Uhr)

Wachparade: Ganz so spektakulär wie bei den Kollegen in London geht es in Stockholm zwar nicht zu, aber die schwedische Version der Wachablösung ist auf jeden Fall sehenswert und ein beliebtes Fotomotiv. Sie findet täglich um 12.15 Uhr (sonntags eine Stunde später) statt. An einigen Tagen im Sommer nehmen auch die Dragoner der Leibgarde an der Wachablösung teil.

Kungliga myntkabinettet 3

Gleich gegenüber dem Eingang zum Schloss ist das Königliche Münzkabinett untergebracht. In der Ausstellung zur Geschichte des Finanz- und Geldwesens kann man u. a. die größte Münze der Welt besichtigen. Das 19,7 kg schwere Monstrum aus dem Jahre 1644 passt jedenfalls in keine Geldbörse. Darüber hinaus ist Schwedens ältestes Geldstück aus dem 10. Jh. zu sehen, außerdem die Medaillen, die die Nobelpreisträger verliehen bekommen. (Slottsbacken 6, tgl. 10–16 Uhr, www.myntkabinettet.se.)

Finska kyrkan 4

Neben dem Münzkabinett am Slottsbacken 2 steht die von außen kaum als Gotteshaus zu erkennende Finnische Kirche (auch Fredriks kyrka). Das schlichte gelbe Gebäude erinnert mehr an ein Landhaus reicher Bürger als an eine Kirche. Ursprünglich war es ohnehin nicht als Kirche geplant gewesen. Nach seiner Fertigstellung 1653 wurde es zunächst für Theateraufführungen des Hofes genutzt, außerdem verwendete die Königsfamilie das Gebäude als private Sporthalle für Ballspiele. Erst 1725 wurde das Bauwerk unter Leitung des damaligen Stadtarchitekten Göran Adelcrantz zur Kirche umgebaut.

Storkyrkan

Direkt neben dem Königlichen Schloss, hoch oben auf dem Slottsbacken, kommt man zur Domkirche, einer der ältesten Kirchen der Stadt. Wann sie genau erbaut wurde, ist unbekannt. Als offizielles Baujahr wird in der Regel das Jahr 1279 angegeben. Damals wurde das Gotteshaus erstmals in einem Dokument erwähnt, als ein zum Tode verurteilter Ritter seine Hinterlassenschaften der Storkyrkan vermachte. Von dieser ersten Kirche ist allerdings kaum noch etwas erhalten. Die Fassade, wie wir sie heute sehen, wurde zwischen 1736 und 1742 im Barockstil umgestaltet, um sie im Baustil dem benachbarten Schloss anzupassen. Das Innere der Kirche ist aber nach wie vor gotisch. Die Storkyrkan dient als Krönungs- und Hochzeitskirche für das Königshaus. Auch die Hochzeit zwischen Kronprinzessin Victoria und Daniel Westling am 19. Juni 2010 fand hier statt. Besonders sehenswert ist im Innenraum die Holzfigur »St. Georg und der Drache«, die 1489 von dem bekannten Lübecker Künstler Bernt Notke geschaffen wurde. (Sept.–Mai tgl. 9–16, Juni Mo–Fr 9–17, Sa, So 9–16, Juli, Aug. Mo–Fr 9–18, Sa, So 9–16 Uhr, www.stockholmsdomkyrkoforsamling.se).

*Västerlånggatan

Über den Storkyrkobrinken geht es hinab zur Västerlånggatan, der belebtesten Straße der Altstadt. Hier drängen sich die Touristen durch die Fußgängerzone und fallen von einem Souvenirshop in den nächsten. In der Västerlånggatan lohnt aber nicht nur ein Blick in die Auslagen der Geschäfte, sondern auch auf die prächtigen historischen Fassaden. Das Jakob-Sauer-Haus (Nr. 29) aus dem 14. Jh. fällt z. B. mit seinen spitzbogigen Fenstern im ersten Stock auf. Über die links abbiegende, wieder steil nach oben führende Gasse Kåkbrinken geht man hinauf zum Stortorget. Auf dem Weg dorthin quert man die schmale Prästgatan.

Souvenirladen in der Altstadt

Restaurant

In der Prästgatan 17 befindet sich das Restaurant **Kryp In** (»Kriech rein«), in dem vor mehr als 200 Jahren der bekannte, beliebte und dem Alkohol sehr zugetane Stockholmer Troubadour Carl Michael Bellman (› S. 125) regelmäßig einkehrte. Heute serviert das Restaurant ausgezeichnete schwe-

Gamla stan][Stockholms historische Mitte

Von alten Kaufmannshäusern malerisch eingerahmt: der Stortorget

dische Hausmannskost. Obwohl die Preise etwas über dem Durchschnitt liegen, lohnt ein Besuch. **(Tel. 08 20 88 41, www.restaurang krypin.nu, Mo–Fr 17–23, Sa 12.30 bis 23 Uhr, ●●–●●●)**

2 **Stortorget

Bis ins 18. Jh. war der »Große Markt« der zentrale Marktplatz der Stadt. Allerdings hat der Platz auch eine blutige Vergangenheit, denn in früheren Jahrhunderten wurden auf ihm die Hinrichtungen durchgeführt, und hier fand auch das »Stockholmer Blutbad« von 1520 statt (> S. 48).

Das bestimmende Gebäude ist die alte Börse an der Nordseite des Platzes, die zwischen 1773 und 1776 nach Plänen von Erik Palmstedt erbaut wurde. In ihr hat die Schwedische Akademie, deren Mitglieder den Literaturnobelpreis vergeben, ihre Räume. Im Erdgeschoss ist das *Nobelmuseum 7 untergebracht, dessen Ausstellung einzelne Preisträger vorstellt, die Geschichte des Nobelpreises erzählt und das Leben seines Stifters Alfred Nobel nachzeichnet. Darüber hinaus finden regelmäßig Sonderausstellungen statt. (Stortorget 2, Mitte Sept. bis Mitte Mai Di 11–20, Mi–So 11–17 Uhr, Mitte Mai–Mitte Sept. tgl. 10–18, Di bis 20 Uhr, www.nobel museum.se.)

Im **Bistro Nobel** – dem Museumscafe – kann man sich nach der Besichtigung stärken. Bevor man sich aber hinsetzt, sollte man den Stuhl, auf den man sich setzen will, umdrehen: Ein jeder trägt nämlich auf der Unterseite der Sitzfläche das **Originalautogramm eines Nobelpreisträgers,** der das Museum besucht hat.

Auf den drei anderen Seiten wird der Stortorget durch prächtige **Kaufmannshäuser** aus dem 17. und 18. Jh. eingerahmt. Einen

Restaurant »Den Gyldene Freden«

speziellen Blick lohnt das rote Haus Nr. 20 mit Spitzgiebel und Sprossenfenstern. Hier wohnte der Deutsche Johan Eberhard Schantz, Hofsekretär von Karl X. Gustav. Über der Tür steht der Psalm 37 auf Deutsch: »Befiehl dem Herrn deine Wege und hoffe auf ihn, er wird's wohl machen«. Deutsche Inschriften findet man auch noch an einigen anderen Häusern des Platzes – sie spiegeln den großen Einfluss der Hanse in der Stadt im 16. und 17. Jh. wieder (> S. 48).

Im Gemäuer des Restaurants Stortorgskällaren (Ecke Stortorget/Skomakargatan) steckt in der Hausecke auf Höhe der ersten Etage eine Kanonenkugel. Sie soll angeblich 1521 auf den dänischen König Christian II. abgefeuert worden sein.

Der **Brunnen** in der Mitte des Platzes wurde von Erik Palmstedt, dem Architekten der Börse, errichtet. Bemerkenswert ist er deswegen, weil hier früher sozusagen der Nullpunkt des schwedischen Reiches war und alle Entfernungen vom Brunnen des Stortorgets aus gemessen wurden.

Wer in der Vorweihnachtszeit nach Stockholm kommt, sollte unbedingt **den Weihnachtsmarkt auf dem Stortorget besuchen.** Er gehört zu den schönsten in Nordeuropa.

Der Goldene Frieden

In der Österlånggatan befindet sich im Haus 51 **Den Gyldene Freden** (> S. 30). Es ist vermutlich das Stockholmer Restaurant mit der spannendsten Geschichte, denn seit seiner Eröffnung im Jahr 1722 kommen Gäste hierher. Der Poet und Sänger Evert Taube (1890–1976) war Stammgast, der Komponist und Liederdichter Carl Michael Bellman (> S. 125) hat hier nicht nur gesungen, sondern sich auch so manchen Rausch angetrunken. Als das Restaurant 1919 in eine wirtschaftliche Schieflage geriet, kaufte es der berühmte schwedische Maler Anders Zorn (1860–1920). Später schenkte er es dann der Schwedischen Akademie, in deren Besitz es sich noch immer befindet. Böse Zungen behaupten, dass schon so mancher Nobelpreisträger von den Akademiemitgliedern hier im Restaurant bei einer Flasche Wein gekürt worden sei. Das Restaurant liegt in einem romantischen Kellergewölbe, auf der Speisekarte steht schwedische Hausmannskost, und der Service weiß, was er der Geschichte des Hauses schuldig ist: Gäste werden mit ausgesuchter Freundlichkeit bedient.

Gamla stan][Stockholms historische Mitte

Tyska kyrkan [8]
Vom Stortorget erreicht man durch die Svartmangatan im ehemaligen Viertel der deutschen Kaufleute die Deutsche Kirche, die ursprünglich als Gildehaus der Hansekaufleute errichtet und erst im 16. Jh. zur Kirche umgebaut wurde. Ein Jahrhundert später erweiterte man sie auf ihre heutige Größe. 1879 wurde bei einem Brand der Turm zerstört. Der neu erbaute Turm ist mit 96 m der höchste Punkt von Gamla stan. Architekt war damals der Berliner Julius Carl Raschdorff, nach dessen Plänen auch der Berliner Dom gebaut wurde.

In der Backsteinkirche im spätgotischen Stil werden auch heute noch Gottesdienste in deutscher Sprache gehalten. Um 8, 12 und 16 Uhr sind nach dem Glockenschlag einige Takte der Kirchenlieder »Lobe den Herrn« und »Nun danket alle Gott« zu hören. (Svartmangatan 16, Mi, Fr, Sa 12 bis 16, So ab 12.30 Uhr).

Postmuseum [9]
Über die Lilla Nygatan geht der Weg zurück in Richtung Riddarhuset. Bevor man es erreicht, passiert man das Postmuseum, ein kleines Museum, das sich mit der Geschichte der schwedischen Post beschäftigt und eine Briefmarkenausstellung zeigt. Samstags und sonntags hat zwischen 12 und 15 Uhr die Kinderpost geöffnet. (Lilla Nygatan 6, Sept.–April Di bis So 11–16, Mi bis 19 Uhr, Mai bis Aug. Di–So 11–16, www.postmuseum.posten.se)

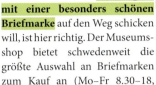

Auch wer seine Urlaubspost mit einer besonders schönen Briefmarke auf den Weg schicken will, ist hier richtig. Der Museumsshop bietet schwedenweit die größte Auswahl an Briefmarken zum Kauf an (Mo–Fr 8.30–18, Sa, So 11–16 Uhr).

Echt gut!

Bondeska palatset [10]
Das Bondesche Palais, das unmittelbar neben dem Riddarhuset am Riddarhustorget 8 liegt, wurde zwischen 1662 und 1673 von Nicodemus Tessin dem Älteren und Jean de la Vallée erbaut. Heute hat hier der Oberste Gerichtshofs seinen Sitz.

**Riddarhuset [11]
Am Nordende von Gamla stan, zwischen der Centralbron und der Vasabron, liegt eines der schönsten Herrschaftshäuser der Stadt: Das Ritterhaus wurde zwischen 1641 und 1674 im Stil des holländischen Barock erbaut. Vier Architekten waren mit dem Bau betraut, den größten Einfluss auf sein Aussehen hatten aber der

Holländer Joost Vingbooms und Jean de la Vallée.

Der Rittersaal im ersten Stock des Gebäudes diente bis 1866, also bis zur Auflösung der Ständeversammlung, als Sitzungssaal des Adels. An seinen Wänden und im Treppenabgang, der zu den Landmarschallräumen im Erdgeschoss führt, hängen auf Kupferplatten gemalte Wappenschilder der 2330 schwedischen Adelsgeschlechter. Die Schilder sind in chronologischer Reihenfolge aufgehängt – die ältesten Geschlechter haben dabei die niedrigsten Nummern. Das Gemälde an der Decke des Rittersaales stammt von David Klöcker Ehrenstrahl (1629–1698), berühmtester schwedischer Maler des 17. Jhs. Es zeigt Mutter Svea – eine allegorische Darstellung des schwedischen Reichs – auf einem goldenen Thron. Über ihr schweben drei Grazien, die die drei Kronen des Reichswappens tragen. Der Landmarschallsessel im Rittersaal ist ganz aus Elfenbein geschnitzt und vermutlich eine deutsche Arbeit vom Anfang des 17. Jhs. Vor dem Ritterhaus steht ein Bronzestandbild von Gustav Wasa aus dem Jahre 1774. (Riddarhustorget 10, Mo–Fr 11.30 bis 12.30 Uhr, www.riddarhuset.se)

****Riddarholmskyrkan**

Die kleine Insel Riddarholmen liegt westlich von Gamla stan und ist von dieser nur durch einen schmalen Kanal getrennt. Das beherrschende Bauwerk auf dem Eiland ist die Begräbniskirche des schwedischen Königshauses, die mächtige Riddarholmkirche aus dem 13. Jh. Sie war ursprünglich die Kirche eines Franziskanerklosters und wurde im Laufe der Jahrhunderte ständig erweitert. Als Letztes wurde beim Wiederaufbau nach dem Brand von 1835 der 90 m hohe Turm mit seiner charakteristischen Gusseisenspitze angefügt.

In der Kirche sind 17 schwedische Könige bestattet, etwa der im Dreißigjährigen Krieg bei Lützen gefallene Gustav II. Adolf. Im ältesten Sarkophag der Kirche liegt König Magnus Ladulås, er starb im Jahr 1290. (Mitte Mai–Mitte Sept. tgl. 10–17 Uhr, Führungen auf Englisch um 16 Uhr, www.kungahuset.se)

Wrangelska palatset

Das eindrucksvolle Gebäude neben der Kirche in der Birger Jarls torg 16 ist das Wrangelsche Palais

Die Figur »Dansen« am Stadshuset sieht auf Riddarholmen

Gamla stan][Stockholms historische Mitte

Mit der Stadtfähre von Gamla stan nach Djurgården

aus dem 17. Jh. Als 1697 das Schloss niederbrannte, diente das Herrschaftshaus als »Notunterkunft« für die königliche Familie. Heute befindet sich hier der Gerichtshof »Svea Hovrätt«.

Birger Jarls torn

An der Nordspitze von Riddarholmen steht der runde weiße Birger-Jarls-Turm aus dem 15. Jh. Von hier hat man einen herrlichen Blick zum Stadshuset › S. 91. Der Legende nach war es der Stadtgründer Birger Jarl, der den Turm erbauen ließ. Historisch lässt sich dies aber nicht belegen; vielmehr handelt es sich um einen Wehrturm aus der Zeit Gustav Wasas.

Djurgårdsfärjan

Stockholms städtische Personenfähre, die tagsüber im 15- bis 20-Minuten-Takt von Slussen an der Südspitze von Gamla stan über Skeppsholmen › S. 85 (Anlegestelle Långa raden im Osten der Insel) zur Allmänna gränd auf Djurgården › S. 104 fährt, transportiert jährlich über 2 Mio. Passagiere. Die Überfahrt dauert rund 10 Minuten und **bietet fantastische Ausblicke.**

Mit einer Tages- oder Mehrtageskarte von Stockholms Lokaltrafik SL › S. 21 fährt man umsonst auf der Djurgårdenfähre, SL-Einzeltickets hingegen haben keine Gültigkeit. Eine Fahrt mit der Fähre kostet ansonsten 45 SEK für Erwachsene, Kinder und Jugendliche (7–19 Jahre) zahlen 30 SEK. Rollstuhlfahrer können an den Anlegestellen in Slussen und Djurgården problemlos über Rampen auf die Fähre gelangen, in Skeppsholmen hilft das Personal.

Infos zu Abfahrtszeiten, Anlegestellen und Tarifen unter Tel. 08 679 58 30 oder www.waxholmsbolaget.se

Der Norden

Nicht verpassen!

- Im Nationalmuseum die Sammlung französischer Maler und die Meisterwerke Rembrandts ansehen
- Im Kulturhuset eine gemütliche Pause mit Zeitung und Kaffee einlegen
- Sich Karten für die Oper besorgen und danach einen Absacker im Cafe Opera einnehmen
- Einen Einkaufsbummel in der Drottninggatan unternehmen
- Die Bilder von Picasso, Dali und Matisse im Moderna museet auf Skeppsholmen bewundern

Zur Orientierung

Als die Keimzelle der Stadt, Gamla stan, zu eng wurde, dehnte sich Stockholm in die *malmarna*, die Erzhügel der näheren Umgebung aus. Gegen Ende des 17. Jhs. errichteten sich Adelige und Bürgerliche nördlich von Gamla stan ihre Häuser und Paläste. Daraus entwickelte sich Stockholms City, so wie wir sie heute kennen, mit ihren Geschäften, Banken, Vergnügungseinrichtungen und dem Hauptbahnhof. In **Norrmalm** pulsiert wegen vieler Kaufhäuser, Einkaufspassagen und Geschäftsstraßen das Leben. Das moderne Herz der Stadt schlägt zwischen Kulturhuset und Konserthuset, Nationalmuseum und Sergels torg sowie Kungsträdgården und Hamngatan.

Der ehemalige Marinestützpunkt **Skeppsholmen** ist heute fast ausschließlich der Kunst und Kultur vorbehalten. Die kleine Insel ist zwar nicht autofrei, aber doch eine Oase der Ruhe. Hierher kommen die Stockholmer gerne in der Mittagspause, machen Spaziergänge oder joggen ihre Runden direkt am Wasser.

Die nördliche Fortsetzung von Norrmalm ist **Vasastan.** Noch Mitte des 19. Jhs. ging es hier dörflich zu, erst gegen Ende des Jahrhunderts wurden Wohnhäuser gebaut. Wie mit dem Lineal gezogen zieht sich der Sveavägen durch Norrmalm und Vasastan. Wenn es nach König Gustav III. gegangen wäre, dann hätte diese breite Straße sogar eine ca. 5 km lange Sichtachse zwischen dem Stadtschloss und dem Schloss im Hagapark bilden sollen. Sein Architekt Nicodemus Tessin der Jüngere stand schon bereit, doch die Ermordung des Königs 1792 vereitelte den Plan.

Die Königsinsel **Kungsholmen,** deren bekanntestes Wahrzeichen das Stadshuset ist, hat innerhalb eines Jahrhunderts einen beachtlichen Wandel vollzogen. Lebten hier früher eher Arbeiter zwischen den Fabriken, geht es nun gutbürgerlich zu. Die zentrale Lage hat auch für viele Familien mit Kindern ihren Reiz.

Auch im Stadtteil **Östermalm** grasten noch bis ins frühe 19. Jh. die königlichen Schafherden. Heute gehört Östermalm mit seinen Geschäften, Restaurants und Galerien rund um den Östermalmstorg zur Stockholmer City, am Stureplan beginnt eines der lebendigsten Zentren des Stockholmer Nachtlebens, und Wohnlagen wie der Strandvägen zählen zu den teuersten der Stadt.

Östlich schließt sich **Ladugårdsgärdet** an, das die Stockholmer nur »Gärdet« nennen. Fast nicht bebaut, bildet es zusammen mit Djurgården ein ausgedehntes grünes Naherholungsgebiet.

Das Nationalmuseum ist Schwedens größtes Kunstmuseum

Touren durch den Norden

Norrmalm Süd & Skeppsholmen

– ❷ – Centralstation 〉 Klara kyrkan 〉 *Drottninggatan 〉 Högtorget/Konserthuset 〉 Sveavägen 〉 Sergels torg 〉 **Kulturhuset 〉 Nordiska Kompaniet 〉 *Hallwylska palatset 〉 Berzelii Park 〉 *Kungsträdgården 〉 St. Jakobs kyrka 〉 Kungliga Operan 〉 Dansmuseet 〉 Medelhavsmuseet 〉 Strömgatan 〉 Grand Hôtel 〉 ***Nationalmuseet 〉 Östasiatiska museet 〉 **Moderna museet 〉 Arkitekturmuseet 〉 Kastellholmem 〉 af Chapman

Dauer: 4 Std. ohne Museumsbesuche
Praktische Hinweise: Die meisten Museen auf diesem Rundgang sind montags geschlossen. Ausgangspunkt der Tour ist der Hauptbahnhof mit der U-Bahn-Station ❶ Centralen. Vom Endpunkt Skeppsholmen gibt es eine regelmäßige Fährverbindung nach Djurgården bzw. Gamla stan 〉 S. 73. Die nächste U-Bahn-Station ist ❶ Kungsträdgården.

Klara kyrka ❶

Vom 1871 erbauten Hauptbahnhof (Centralstation) erreicht man durch die Klarabergsgatan die Klarakirche aus dem 18. Jh. An der Stelle, an der sich heute die Kirche erhebt, standen seit dem 13. Jh. schon mehrere Gotteshäuser. Sehenswert sind die beiden seitlich des Altars befindlichen Engelsfiguren von Johan Tobias Sergel von 1904. Sergel gilt als der bedeutendste schwedische Bildhauer seiner Zeit. Der Kirchturm ist mit 116 m der zweithöchste in Skandinavien. Auf dem Friedhof der Kirche liegt der Dichter und Sänger Carl Michael Bellman (〉 S. 125) begraben. (Klarabergsgatan 37, So–Fr 10–17, Sa 17 bis 19.30 Uhr)

Der Stadtspaziergang geht nun weiter auf der Klarabergsgatan in Richtung Sergels torg (〉 S. 80), den man nach nur 200 m erreicht. Kurz davor geht der Weg links in die Fußgängerzone hinein, in die Drottninggatan, und führt Richtung Hötorget. Wer den dortigen Markt und das Konzerthaus nicht besuchen will, kann den Spaziergang am Sergels torg in Richtung Kungsträdgården fortsetzen.

*Drottninggatan ❷

Die Drottninggatan ist die wichtigste Einkaufsstraße im Zentrum von Stockholm. Sie führt von Gamla stan in Süd-Nord-Richtung quer durch Norrmalm. Als Faustregel für Shopper gilt: Am Südende der Drottninggatan findet man eher Souvenirgeschäfte und günstige Läden, in der Ge-

Der Norden | Norrmalm Süd & Skeppsholmen

Marktstände am Hötorget, im Hintergrund das Konzerthaus

gend um den Sergels torg v. a. große Kaufhäuser und weiter im Norden dann die Boutiquen im höherpreisigen Segment.

Hötorget

Wenn man vom Sergels torg auf der Drottninggatan weiter stadtauswärts geht, erreicht man den Markt am Heumarkt, wo schon im 13. Jh. die Bauern aus dem Umland ihre Waren verkauften. Für Filmfreunde ist der Platz eine feste Adresse: Hier liegt die »Filmstaden Sergel« mit 14 Kinosälen.

An dem Platz steht auch das blaue **Konserthuset** 3, das 1926 nach Plänen von Ivar Tegnbom erbaute Konzerthaus. Kaum einer würde das neoklassizistische Gebäude weiter beachten, wäre es nicht jedes Jahr am 10. Dezember der Schauplatz für die Verleihung der Nobelpreise.

Der **Orpheus-Brunnen** vor dem Eingang stammt von dem berühmten schwedischen Bildhauer Carl Milles › S. 127.

Sveavägen 4

Der Sveavägen, eine der längsten Straßen Stockholms, führt nun zurück zum Sergels torg. Für Architekturinteressierte ist dieser Teil der Straße sehenswert, weil hier zwischen 1952 und 1956 fünf Hochhäuser entstanden, die damals als wegweisend für den modernen Städtebau galten.

Den meisten Menschen in Schweden hat sich der Name Sveavägen aber wegen des Mordes an Olof Palme ins Gedächtnis eingebrannt. Am 28. Februar 1986 wurde der damalige Ministerpräsident, kurz nachdem er zusammen mit seiner Frau das Kino »Grand« im Sveavägen 45 verlassen hatte, an der Kreuzung zur Tunnelgatan ermordet. Die Umstände der Tat sind bis heute ungeklärt, der oder die Mörder konnten nie gefasst werden. Am Tatort erinnert eine in den Bürgersteig eingelassene Gedenkplakette an Olof Palme.

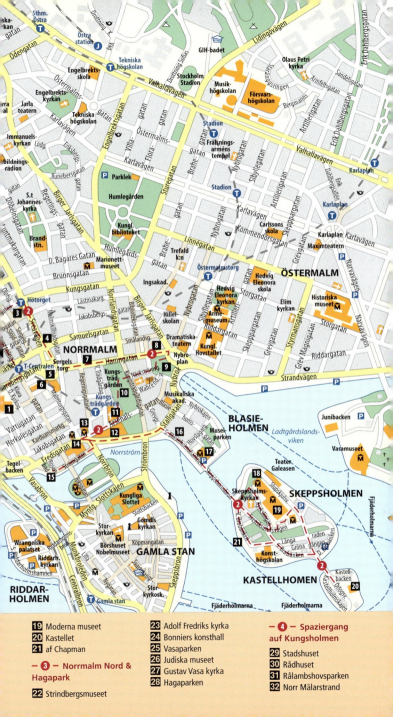

Blick auf den Sergels torg aus einem Café im Kulturhaus

Sergels torg 5

Der zentrale Platz im Zentrum von Stockholm ist alles andere als eine Schönheit. Wegen seines schwarz-weißen Plattenbelags nennen ihn die Einheimischen auch spöttisch »Plattan«. Aber trotz seiner Hässlichkeit haben die Stockholmer den Platz angenommen. Hier finden politische Demonstrationen, aber auch Feiern statt, etwa dann, wenn das schwedische Eishockeyteam wieder einmal einen großen Sieg errungen hat. Bei solchen Gelegenheiten werden die Fontänen, die den »Vertical Accent«, den 37 m hohen Glasobelisken auf dem Platz, umrahmen, schon mal als Dusche verwendet.

Die Stufen, die zu dem knapp 10 m unter Straßenniveau liegenden Platz hinabführen, sind ein beliebter Treffpunkt für junge Leute. Am Rande des Platzes liegt das Kulturhuset.

**Kulturhuset 6

Unbedingt besuchen! Dieser Ratschlag scheint zunächst etwas abwegig, wenn man vor dem hässlichen Funktionsbau aus dem Jahr 1974 steht. Doch in wohl keiner Stadt Europas ist es gelungen, den **Gedanken eines Bürgerhauses so konsequent umzusetzen** wie in Stockholm. Das Kulturhaus sollte ein »Wohnzimmer für alle Stockholmer« werden, und genau das ist es auch. In den Kunstgalerien im Haus finden regelmäßig kostenlose Ausstellungen statt, die unterschiedlichsten Cafés und Restaurants bieten preisgünstiges Essen an, und auch eine große Leihbibliothek ist hier untergebracht. Sogar das **Stadttheater** ist ins Kulturhuset eingezogen. Damit Kultur auch für jedermann erfahrbar wird, wird nicht nur abends gespielt, sondern zu günstigen Preisen auch tagsüber. Zur Mittagszeit spielt das Suppen-

Der Norden][Norrmalm Süd & Skeppsholmen

theater kleine Stücke. Zur Kunst wird das Essen gleich mitgeliefert. Überall im Haus sind Sitzecken eingerichtet, im Lesesaal kann man Tageszeitungen aus aller Welt studieren, und die Tischchen der Schachspieler sind meist schon frühmorgens besetzt. (Sergels torg, je nach Jahreszeit unterschiedliche Öffnungszeiten, www.kulturhuset.stockholm.se)

NK – Nordiska Kompaniet 7

Das Warenhaus an der Hamngatan wurde im September 1915 eröffnet. Heute ist es edler Einkaufstempel und historisches Baudenkmal zugleich. NK (sprich: En-Ko) wurde nach Plänen von Ferdinand Boberg (1860–1946) errichtet, der sich dafür angeblich u. a. durch das KaDeWe in Berlin inspirieren ließ. Die Einflüsse des deutschen Jugendstils sind jedenfalls unverkennbar.

Boberg war einer der führenden schwedischen Architekten seiner Zeit. Von ihm stammen auch die Pläne für Rosenbad › S. 83, Waldemarsudde › S. 114 und die Thielska Galleriet › S. 115.

*Hallwylska palatset 8

Dieses Stadtpalais entstand Ende des 19. Jhs. im Auftrag des Schweizer Grafen Walther von Hallwyl und seiner kunstinteressierten schwedischen Gemahlin Wilhelmina von Hallwyl. Bereits von Beginn an war geplant, das prächtige Haus irgendwann einmal zu einem Museum umzugestalten, weshalb nur beste Materialien verwendet wurden. Zu den beeindruckendsten Ausstellungsstücken zählen ein Steinwayflügel von 1896 und die Sammlung flämischer und holländischer Maler aus dem 16. und 17. Jh. Da laut Testament an der Einrichtung nichts verän-

Echt gut! Kostenloser Kunstgenuss

■ Für den Preis eines U-Bahn-Fahrscheins kann man sich die längste Galerie der Welt in Stockholms **Tunnelbana** anschauen. Fangen Sie mit der unterirdischen Bilderreise am Kungsträdgården an. › S. 56

■ Im Park von Prins Eugens **Waldemarsudde** auf Djurgården gibt es mehr als ein Dutzend Skulpturen anzuschauen, darunter auch von den schwedischen Künstlern Carl Milles und Carl Eldh sowie dem Franzosen Auguste Rodin. › S. 114

■ Von außen macht das **Kulturhuset** nicht viel her. Drinnen aber ist es die »gute Stube« der Stockholmer – und in den Galerien des Hauses kann man kostenlos Ausstellungen besuchen. › S. 80

■ Wenn das Stadttheater im Sommer Pause macht, gehen dessen Schauspieler auf Tournee durch die Parks der Stadt. Und dort spielen sie dann kostenlos. Nur Sitzkissen muss man beim **Parkteatern** selbst mitbringen. › S. 59

■ Der Waldfriedhof **Skogskyrkogården** steht auf der Liste des UNESCO-Weltkulturerbes. Nicht umsonst, denn er ist nicht nur Begräbnisstätte, sondern ein riesiges Open-Air-Gesamtkunstwerk. › S. 130

dert werden darf, fühlt man sich als Besucher in die Zeit um 1900 zurückversetzt und erwartet fast, dass einen der Graf persönlich begrüßen kommt. (Hamngatan 4, Juli–Aug. Di–So 10–16, Sept. bis Juni Di–So 12–16, Mi bis 19 Uhr, www.hallwylskamuseet.se)

Berzelii Park 9

Bis 1850 befand sich hier eine Müllkippe. Als sie damals aufgefüllt wurde, entstand ein Park, der nach dem schwedischen Chemiker Jöns Jacob Berzelius (1779 bis 1848) benannt wurde. Wie es sich für einen Namensgeber gehört, steht im Park auch eine Statue zu seinen Ehren.

Restaurant

Am Rande des Parks liegt **Berns** › S. 30. Anfang des 20. Jhs. war Berns Salonger Stockholms Vergnügungstempel Nummer eins, in dem sich die High Society amüsierte und große Stars wie Marlene Dietrich auftraten. Heute sind hier Hotel, Restaurant, Bistro, Bar und Konzertbühne unter einem Dach.

*Kungsträdgården 10

Der Kungsträdgården war wirklich einmal das, was sein Name angibt: der königliche Garten. Seit dem Mittelalter befand sich hier nämlich die königliche Gärtnerei, die den Hof mit frischem Gemüse versorgte. König Erik XIV. ließ die Anlage im 16. Jh. zu einem königlichen Wandelgarten umbauen. Heute ist er ein Treffpunkt für Einwohner und Gäste der Stadt. Im Sommer kann man hier Kaffee trinken, Schach spielen, Straßenmusikern zuhören, oder, wenn man Glück hat, auch einer kostenlosen Theateraufführung beiwohnen. Im Winter trifft man sich zum Schlittschuhlaufen unter dem Denkmal zu Ehren von König Karl XIII. Das zweite Denkmal im südlichen Teil des Parks zeigt den Soldatenkönig Karl XII. Letzterer zog kämpfend quer durch Europa und verlor so Stück für Stück Teile des schwedischen Reiches. Heute ist er ein großes Vorbild schwedischer Neonazis.

St. Jakobs kyrka 11

Die Jakobskirche von 1643 wurde im Laufe der Jahrhunderte mehrmals umgebaut und verändert. Die leuchtend rote Farbe, die die Kirche schon bei der Fertigstellung hatte, bekam sie erst in den 1960er-Jahren zurück. (Außerhalb der Gottesdienste Di 12–15, Mi 13–16, Do 11.30–18, Fr 13–18, Sa 14–17 Uhr, www.stockholmsdom kyrkoforsamling.se)

Kungliga Operan 12

Gustav III. war ein König, der häufig auf Kriegszügen unterwegs war. Trotzdem erinnert man sich seiner heute v. a. wegen seines Mäzenatentums für die Kunst. Auf seine Weisung wurde zwischen 1777 und 1782 auch die Königliche Oper erbaut – und dort kam er ironischerweise auch ums Leben. Bei einem Maskenball wurde er in der Oper erschossen.

Das heutige Opernhaus ist aber neueren Datums. Es wurde von dem schwedischen Architekten Axel Anderberg entworfen und

1898 eingeweiht. Vorgabe für ihn war, die Oper stilistisch an das gegenüberliegende Schloss auf Gamla stan anzupassen. Noch heute ist die Königliche Oper das Haus der Schwedischen Nationaloper und des Balletts. (Gustav Adolfs torg, außerhalb der Vorstellungen nur im Rahmen einer Führung zu besichtigen, englischsprachige Führung Aug.–Mai Sa 13 Uhr, www.operan.se)

Dauerausstellung im Dansmuseet

Restaurant
Wer nach dem Kunstgenuss Hunger hat oder sich einen Cocktail gönnen will, kehrt noch im **Operakällaren** › S. 29 bzw. **Cafe Opera** › S. 41 ein. Beide zählen zu den nobleren Adressen der Stadt.

Dansmuseet 13
Das Museum für Tanz, Theater und Kunst, das 1999 in die ehemaligen Räume einer Großbank eingezogen ist, zeigt Sammlungen aus aller Welt. Indische Dämonen, russische Ballettkostüme und afrikanische Tanzmasken findet man hier ebenso wie schwedische Trachten, die man zum Tanz an Mittsommer trägt. (Gustav Adolfs torg 22–24, Di–Fr 11–16, Sa, So 12–16 Uhr, www.dansmuseet.se, Eintritt frei)

Medelhavsmuseet 14
Ein Mittelmeermuseum erwartet man nicht unbedingt in einer Ostseemetropole wie Stockholm, doch hier sind u. a. Kunstschätze aus Ägypten, Griechenland und dem Römischen Reich ausgestellt. In Fachkreisen besonders bekannt ist die Sammlung antiker zypriotischer Kunst.

Vom Museumscafé aus genießt man einen schönen Blick hinüber zum Schloss. (Fredsgatan 2, Aug. bis Juni Di–Fr 12–20, Sa, So 12–17, Juli Di–Do 12–20, Fr–So 12–17 Uhr, www.medelhavsmuseet.se)

Strömgatan
In der Strömgatan liegen mehrere Ministerien sowie **Rosenbad** 15, Sitz der schwedischen Regierung. Das Gebäude am westlichen Ende der Straße wurde 1904 nach Plänen von Ferdinand Boberg › S. 81 errichtet.

In unmittelbarer Nachbarschaft von Rosenbad liegt das **Sagersche Haus.** In ihm ist die Arbeitswohnung des Ministerpräsidenten untergebracht. Daneben steht das ehemalige Erbfürstenpalais, in dem heute das Außenministerium seinen Sitz hat.

Das Sagersche Haus hieß bis 1995 Sagersches Palais. Damals wurde der Sitz des Ministerpräsidenten dorthin verlegt. Ingvar Carlsson, der als erster Amtsin-

Die Haupthalle des Nationalmuseums

haber dort einziehen sollte, wollte aber keinesfalls in einem Palast wohnen – das hätte der Einstellung eines Sozialdemokraten widersprochen. Er wählte zwar deswegen keinen bescheideneren Wohnsitz, ordnete aber an, dass der Palast von nun an nur noch als Haus zu bezeichnen sei.

Grand Hôtel 16

Im Grand Hôtel, das sich stilsicher und elitär der französischen Schreibweise bedient, waren sie alle: Fast jede Berühmtheit, die seit 1874 in die Stadt kam, stieg hier ab. Wer Rang und Namen hat, bucht sich auch heute noch im Grand Hôtel ein (› S. 23).

1901 fand im Spiegelsaal des Hotels sogar die erste Nobelpreisverleihung statt. Das blieb zwar ein einmaliges Ereignis, doch die Nobelpreisträger, die jedes Jahr im Dezember zur Preisverleihung nach Stockholm kommen, wohnen nach wie vor in den »Nobel Suites« des Hotels.

Das Restaurant des Hotels ist nicht weniger niveauvoll: Es wird vom schwedischen Sternekoch Mathias Dahlgren geleitet (www.mathiasdahlgren.com).

4 ***Nationalmuseet 17

Zu den meistbesuchten Sehenswürdigkeiten Stockholms gehört das auf der Landspitze **Blasieholmen** gelegene Nationalmuseum. Der prächtige Bau wurde in der Mitte des 19. Jhs. nach Plänen von Friedrich August Stüler (1800 bis 1865), der im Übrigen auch für den Bau des Neuen Museums in Berlin verantwortlich zeichnete, errichtet. Wollte man die Kunstschätze des Museums einzeln beschreiben, würde dies ein eigenes Buch füllen.

Besonders sehenswert ist aber die ausgezeichnete Sammlung von Werken französischer Maler (Cézanne, Degas, Gauguin, Manet, Monet u. a.) und die Sammlung berühmter Werke von Rem-

Der Norden][Norrmalm Süd & Skeppsholmen

brandt. Das bedeutendste seiner Werke innerhalb der Stockholmer Sammlung ist »Die Verschwörung des Claudius Civilis«, das den Häuptling eines keltischen Stammes darstellt, der zur Zeit von Kaiser Augustus im heutigen Holland lebte und sich gegen dessen Herrschaft auflehnte.

Selbstverständlich sind auch unzählige Gemälde schwedischer Künstler ausgestellt, darunter das Monumentalgemälde von Carl Larsson im Treppenaufgang des Museums. Es zeigt Gustav Wasas Einzug in Stockholm 1523.

Die überaus empfehlenswerte Kunstgewerbeausstellung im Erdgeschoss bietet einen Querschnitt durch die Welt des schwedischen Handwerks und Designs bis zum heutigen Tag. (Södra Blasieholmshamnen 2, Juni–Aug. Di 11–20, Mi–So 11–17 Uhr, Sept.–Mai Di, Do 11–20, Mi, Fr–So 11–17 Uhr, www.nationalmuseum.se)

Das Nationalmuseum wird ab Februar 2013 über einen Zeitraum von rund drei Jahren renoviert. Teile der Sammlungen werden dann ab Herbst 2013 in der Kunstakademie gezeigt.

Skeppsholmen

Über eine schmiedeeiserne Brücke mit dem königlichen Wappen auf dem Geländer ist Skeppsholmen mit Norrmalm verbunden. Von der Brücke hat man einen schönen Blick auf Gamla stan und das Stadtschloss.

Wegen der strategisch günstigen Lage an der Einfahrt nach Stockholm wurde die Insel Mitte des 17. Jhs. Marinebasis. Aus dieser Zeit stammt noch die 200 m lange Häuserreihe **Långa raden,** die König Karl XII. für seine Leibgarde errichten ließ. Heute sind dort das Kulturamt sowie ein Hotel ❯ S. 25 untergebracht. Auf der Inselseite, von der das Königliche Schloss zu sehen ist, wurden damals repräsentative Gebäude errichtet. Ein besonders schönes Beispiel ist das rote **Admiralitätsgebäude** mit den spitzen Türmchen. Auf einer Anhöhe steht die **Skeppsholms kyrka,** ein klassizistischer Bau mit Rundkuppel, die an das Pantheon in Rom erinnert. 2001 in einen Profanbau umgewandelt, dient das Gebäude mittlerweile als Konzertsaal, der nach dem Dirigenten Eric Ericson benannt ist.

Auf der dem Schloss abgewandten Inselseite lagen früher die weniger ansehnlichen Einrichtungen wie Werft und Werkstätten. Als Ende der 1960er-Jahr die Insel verließ, Museen und kulturell gen die historischen

Brücke nach Skeppsholmen mit Blick auf das Admiralitätsgebäude

Östasiatiska museet [18]

Schwerpunkte des Ostasiatischen Museums sind China, Japan, Korea und Indien. Die erstaunlich vielfältigen Sammlungen gehen auf den Archäologen Johan Gunnar Andersson zurück, der von seiner Expedition in den 1920er-Jahren viele prähistorische Fundstücke aus China mitbrachte.

Eines der wertvollsten Ausstellungsstücke ist der rund 4500 Jahre alte bemalte Menschenkopf aus Keramik. Die China-Ausstellung wird ergänzt durch chinesisches Porzellan und eine Literatursammlung. Höhepunkte sind immer wieder die Sonderausstellungen; so ist es dem Ostasiatischen Museum schon gelungen, die chinesische Terrakottaarmee zu präsentieren. (Tyghusplan, Di 11–20, Mi–So 11–17 Uhr, www.ostasiatiska.se)

**Moderna museet und Arkitekturmuseet [19]

vor dem **Modernen** ist »Das Paradies«: sgroße, bunte Fantasieie Niki de Saint Phalle 02) und Jean Tinguely (1925–1991) einst für die Weltausstellung 1967 in Montreal schufen. Daneben sind »Die vier Elemente« von Alexander Calder (1898–1976) zu sehen.

Von außen wirkt das Museum eher unscheinbar, doch die inneren Werte – Gemälde, Skulpturen, Aquarelle, Zeichnungen und Fotografien – machen es zu einem der meistbesuchten Kunstmuseen Schwedens. Die Sammlungen umfassen Kunst von 1900 bis in die Gegenwart; vertreten sind natürlich alle schwedischen Künstler, aber auch internationale Namen wie Picasso, Dali und Matisse.

Vater des Erfolgs war der Gründungsdirektor und Kunstsammler Pontus Hultén (1924–2006), einer der bedeutendsten Ausstellungsmacher des 20. Jhs. Er war mit zahlreichen Künstlern wie Niki de Saint Phalle, Jean Tinguely und Andy Warhol befreundet. Ein Jahr vor seinem Tod schenkte er dem Modernen Museum seine rund 700 Werke umfassende Privatsammlung. Seiner Freundschaft mit Warhol ist es vermutlich auch zu verdanken, dass 2008 viele Werke des Künstlers nach Stockholm zurückkehrten.

Von 1958 bis 1998 war das Museum in der Exerzierhalle auf Skeppsholmen untergebracht, bevor es in das von dem spanischen Architekten Rafael Moneo (geb. 1937) entworfene heutige Gebäude umzog. Unter dem Motto »Work in progress« werden in mehreren Etappen die Sammlungen des Museums im Verlauf des Jahres 2012 neu gehängt; das bisherige Kernstück des Museums, die Ausstellung »In our Time«, wird neu konzipiert.

Zusätzlich schaffen es die Nachfolger von Pontus Hultén, jedes Jahr mehrere hochkarätige Sonderausstellungen nach Stockholm zu holen. Lange Schlangen am Eingang sind dann keine Seltenheit. (Exercisplan 2, Di 10–20, Mi–So 10–18 Uhr, www.modernamuseet.se)

Der Norden][Norrmalm Süd & Skeppsholmen

»Das Paradies« vor dem Eingang des Modernen Museums besteht aus insgesamt 16 Figuren von Niki de Saint Phalle und Jean Tinguely

Das **Architekturmuseum** teilt sich das Gebäude mit dem Modernen Museum. Gezeigt werden zahlreiche Modelle und Zeichnungen, von den ersten Langhäusern der Wikinger über die typisch schwedischen Holzhäuser bis hin zu modernen Wohnsiedlungen. Ein anderer Teil der Ausstellung informiert sehr detailliert über die Bauphasen des Stadshuset ❯ S. 91. (Exercisplan 4, Öffnungszeiten wie Moderna museet, Fr 16–18 Uhr Eintritt frei, www.arkitekturmuseet.se)

Nach dem Museumsbesuch kann man sich im Restaurant oder Café verwöhnen lassen, an einem schönen Tag am besten auf der Sonnenterrasse mit Blick aufs Wasser und die Insel Djurgården.

Kastellholmen

Am Südende von Skeppsholmen ist über eine Brücke die kleine Insel Kastellholmen zu erreichen. Auf dem höchsten Granitfelsen der Insel thront das leuchtend rote, wie eine mittelalterliche Burg anmutende **Kastellet** [20] von 1848. Neben einigen Wohnhäusern gibt es an der Brücke noch den **Skridskopaviljongen** genannten Pavillon vom Ende des 19. Jhs., in dem sich früher die feinen Herren des königlichen Eislaufclubs trafen, nachdem sie mit ihren Schlittschuhen ein paar Runden um die Insel gedreht hatten. Später übernahmen der königlich schwedische Yachtclub und die Marineband das Gebäude. Nach einer gründlichen Renovierung im Jahr 2009, die den Originalzustand des Pavillons wiederhergestellt hat, gehört er heute zum Hotel Skeppsholmen (❯ S. 25).

Am Ende der Tour führt der Weg zurück noch zum Dreimaster **af Chapman** [21], der am Ufer von Skeppsholmen vor Anker liegt. Das 1888 im englischen Whitehaven gebaute Segelschiff befuhr als Frachtschiff unter verschiedenen Namen und Flaggen die Weltmeere und war dann Schulschiff der schwedischen Marine. Sein heutiger Name erinnert an den 1721 in Göteborg geborenen Schiffsbaumeister Fredrik Henrik af Chapman.

1937 ging der stolze Dreimaster vor Skeppsholmen endgültig vor Anker, diente dann noch einige Zeit als Unterkunft für Matrosen, bis ihn schließlich der Schwedische Touristenverband STF nach dem Zweiten Weltkrieg erwarb und als **Jugendherberge umbauen ließ.** Seitdem ist das Schiff Schwedens beliebteste Jugendherberge (› S. 26) – eine Koje muss man lange im Voraus buchen, kann dann aber das Frühstück stilecht an Deck genießen.

Norrmalm Nord & Hagapark

– ❸ – *Strindbergsmuseet
› Adolf Fredriks kyrka ›
*Bonniers konsthall › Vasaparken › Judiska museet ›
Gustav Vasa kyrka › **Hagaparken

Dauer: 3–4 Std.
Praktische Hinweise: Ausgangspunkt für den Spaziergang ist die U-Bahn-Station (grüne Linie) ❶ Rådmansgatan. Vom Pavillon im Hagapark sind es ca. 800 m bis zur Bushaltestelle, der Bus Nr. 515 fährt bis Odenplan. Im Hagapark gibt es mehrere Fahrradwege.

*Strindbergsmuseet 22

August Strindberg zog in seinem Leben allein innerhalb Stockholms zwei Dutzend Mal um, ab 1908 lebte er in der Drottninggatan und verbrachte dort seine vier letzten Jahre. Das Haus nannte er wegen der Farbe des Treppenhauses »Blauer Turm«. Zur Eröffnung des Museums 1973 wurden Schlaf-, Speise- und Arbeitsraum so rekonstruiert, wie sie der Dichter verlassen hatte. Strindberg war in Bezug auf seinen Schreibtisch ein Ordnungsfanatiker: Alles musste penibel ausgerichtet sein, und genau so ist es heute noch zu sehen. (Drottninggatan 85, Di–So 12–16, Juli, Aug. Di–So 10–16 Uhr, www.strindbergsmuseet.se)

Im nahen **Park Tegnérlunden** gibt es von dem schwedischen Bildhauer Carl Eldh (1873–1954) eine Statue, die Strindberg als Titanen zeigt.

Adolf Fredriks kyrka 23

Die Kirche im neoklassizistischen Stil mit Rokokoeinschlag hat die Form eines griechischen Kreuzes und wurde 1774 eingeweiht. Das Äußere ist seitdem fast unverändert geblieben, während der Innenraum mehrfach modernisiert wurde. Im Innern bemerkenswert sind das Taufbecken aus Orrefors-Kristallglas und mehrere Werke des Bildhauers Johan Tobias Sergel (› S. 55). Sein »Cartesiusmonument« zeigt eine Erdkugel, von der eine Hülle abfällt. Es symbolisiert die Befreiung der Welt von der Lüge und erinnert an den

Der Norden][Norrmalm Nord & Hagapark Karte Seite 78

französischen Philosophen René Descartes (Cartesius), der zur Zeit Königin Kristinas dem schwedischen Hof verbunden war. (Holländergatan 14, Mo 13–19, Di–So 10–16 Uhr, www.adolffredrik.se)

Descartes wurde 1650 auf dem **Friedhof** der Kirche begraben, 1666 wurden seine Gebeine jedoch nach Frankreich überführt. Auf dem Friedhof fand u. a. auch der am 28. Februar 1986 ermordete Regierungschef Olof Palme (❯ S. 77) die letzte Ruhe. Bis heute legen die Stockholmer an diesem Tag hier Blumen nieder.

*Bonniers konsthall 24

Die 2006 eröffnete Kunsthalle fällt schon durch ihr Äußeres auf, denn das fünfstöckige Gebäude mit durchgehender Glasfassade hat die Form eines Bügeleisens. Sie besitzt im Erdgeschoss eine große, 7 m hohe Halle, die mit Tageslicht beleuchtet wird. Die Stiftung vergibt jedes Jahr Stipendien an junge Künstler, auch die Ausstellungen werden in der Regel von jungen, aufstrebenden Künstlern bestückt. (Torsgatan 19, Mi bis Fr 12–19, Sa, So 11–17 Uhr, www.bonnierskonsthall.se)

August Strindberg

Der große schwedische Schriftsteller und Dramatiker August Strindberg (1849–1912) stammte aus einer alten Stockholmer Familie. Er studierte in Uppsala, wollte dann Schauspieler werden, arbeitete schließlich aber als Zeitungskorrespondent. Strindberg war eine ruhelose Seele, ging nach Paris und Berlin, nach Dänemark und in die Schweiz. Während seiner Zeit in Berlin traf er auch den norwegischen Maler Edvard Munch.

Strindbergs Werk ist äußerst vielfältig; er versuchte sich im Laufe seines Lebens in so gut wie allen Literaturgattungen. Aus einigen Werken spricht selbstquälerischer Bekennerdrang oder Bindungslosigkeit und mystische Religiosität. In dem Roman »Die gotischen Zimmer« sind sogar Anzeichen von Verfolgungswahn auszumachen. In Strindbergs Drama in sieben Stationen »Die große Wanderung« zieht er die Bilanz seines Lebens und Schaffens. Neben seiner schriftstellerischen Tätigkeit beschäftigte sich Strindberg auch mit Malerei, Fotografie (❯ S. 57) und naturwissenschaftlichen Experimenten.

1892 wurde seine erste Ehe mit Siri von Essen, mit der er drei Kinder hatte, geschieden. 1893 heiratete er erneut, um sich ein Jahr später von seiner zweiten Frau Frida Uhl zu trennen. 1899 kehrte Strindberg schließlich nach Stockholm zurück, wo er bis zu seinem Tod blieb. In dieser Zeit schrieb er Gedichte, Dramen, Romane und Theaterstücke, heiratete seine dritte Frau, Harriet Bosse, bekam eine Tochter und ließ sich wieder scheiden.

Sein damaliges Theater, 1907 als »Intima teatern« gegründet, wird seit 2003 wieder mit seinen Stücken bespielt (Barnhusgatan 20, Tel. 08 20 08 43, www.strindbergsintimateater.se). Auch das rote Zimmer aus Strindbergs gleichnamigen Roman gibt es noch, es befindet sich in Berns Salonger (❯ S. 30).

Vasaparken 25

Der Vasapark wurde Anfang des 20. Jhs. als grüne Lunge des Bezirks Vasastan mit großen Rasenflächen angelegt. Der Großteil des heutigen Baumbestands stammt noch aus dieser Zeit. Astrid Lindgren wohnte 60 Jahre lang in der Dalagatan 46 mit Blick auf den Park. 2006 wurde ihr zu Ehren die »Astrid Lindgren terrass« im Ostteil des Parks eingeweiht.

Judiska museet 26

In der zweiten Hälfte des 18. Jhs. kam der erste jüdische Einwanderer nach Schweden. Heute leben rund 20 000 Menschen jüdischen Glaubens im Land, davon die Hälfe im Großraum Stockholm. Im Jüdischen Museum bekommt man Einblicke in das Leben schwedischer Juden, aber auch Informationen zum jüdischen Glauben und zum Holocaust. Bemerkenswert ist die Sammlung achtarmiger Leuchter. (Hälsingegatan 2, So–Fr 12–16 Uhr, www.judiska-museet.se)

Gustav Vasa kyrka 27

Das 1906 geweihte Gotteshaus ist mit rund 1200 Sitzplätzen und seiner 60 m hohen Kuppel eine der größten Kirchen der Stadt. Der Bau besitzt einen Grundriss in Form eines griechischen Kreuzes und wurde im neubarocken Stil nach dem Vorbild italienischer Kirchen gestaltet. Bemerkenswert ist der Hauptaltar, der 1731 vom Hofbildhauer Burchard Precht für den Dom von Uppsala gefertigt wurde. Als er dort Ende des 19. Jhs. nicht mehr benötigt wurde, fand das wertvolle Kunstwerk in der Gustav-Wasa-Kirche eine neue Heimat. (Karlbergsvägen 5, Mo–Do 11–18, Fr–So 11–15 Uhr)

Restaurant

Im Tennstopet in der Dalagatan 50 ⟩ S. 31 wird seit mehr als 100 Jahren traditionelle schwedische Hausmannskost in einem ebenso traditionellen Ambiente serviert. Hier gibt es Klassiker wie Lachspudding, Strömming und Kohlrouladen. Gut aufgehoben ist man hier auch, wenn es die spätsommerliche Delikatesse *kräftor* gibt. Die Saison der roten Flusskrebse, deren Verzehr regelrecht zelebriert wird, wird jedes Jahr sehnsüchtig erwartet. Der dritte Donnerstag im August ist ein weiteres wichtiges Datum für Feinschmecker, denn dann ist *surströmmingspremiär*. Surströmming trifft nicht jedermanns Geschmack, denn der vergorene Ostseehering riecht – nein stinkt – scharf und faulig, was aber manche nicht davon abhält, ihn mit Genuss zu verspeisen. Die Delikatesse wird im Tennstopet gerne mit Mandelkartoffeln, Butter, hackten Zwiebeln und saurer Sahne serviert, dazu gibt es Milch, Bier oder Aquavit.

**Hagaparken 28

Gustav III. hatte große Pläne mit dem Hagagelände nördlich des Stadtgebiets an der Brunnsviken-Bucht, ein zweites Versailles wollte er hier schaffen. Ihm gelang es zwar noch, den weitläufigen Park nach englischem Vorbild mit einigen ungewöhnlichen Gebäuden anzulegen, doch seine Ermordung 1792 verhinderte weitere Arbeiten an seinem Traumschloss. Trotzdem ist der Besuch des Hagaparks ungemein lohnend, denn die grünen Wiesen laden zum Picknick und Spielen ein, auf den Wegen lässt es sich gut Joggen und Rad fahren.

Das relativ schlichte **Haga slott** wurde 1802–1805 unter Gustav IV. Adolf errichtet. Hier wuchs der gegenwärtige König zusammen mit seinen Geschwistern auf. Seit ihrer Hochzeit 2010 leben Kronprinzessin Victoria und ihr Ehemann Prinz Daniel in dem Schloss. Der **Pavillon Gustav III.** ist eines der schönsten Beispiele des Gustavianischen Stils, v. a. das Interieur mit Wandmalereien und Spiegelsälen ist sehenswert. (Besichtigung nur im Rahmen von Führungen: Juni–Aug. Di–So 12, 13, 14, 15 Uhr, www.kungahuset.se.) Exotisch wirken die drei blau-goldenen **Kupferzelte,** die Militärzelten des römischen Heeres nachempfunden wurden. Einst dienten sie als Ställe, heute ist in einem das Parkmuseum untergebracht, das über die Geschichte des Parks informiert (Do, Sa, So 10–15 Uhr, Eintritt frei).

In der Nähe der Kupferzelte flattern im **Fjärils- & Fågelhuset** tropische Schmetterlinge und exotische Vögel in verschiedenen Glashäusern frei herum. (April bis Sept. tgl. 10–17, sonst bis 16 Uhr, www.fjarilshuset.se). Die Sehenswürdigkeiten im Park vervollständigen der **Echotempel,** die **chinesische Pagode,** der **türkische Kiosk,** die **Finnhütten** und der **Stallmeisterhof.**

Hotel/Restaurant

Der **Stallmästaregården,** der ehemaligen Stallmeisterhof im Hagapark, wird heute als Hotel (●●●) und Restaurant (Mo–Fr 11.30–22, Sa, So 13–22 Uhr, ●●●) genutzt. Schöner Blick auf die Brunnsviken-Bucht. **(Norrtull, Solna, Tel. 08 610 13 00, www.stallmastaregarden.se)**

Spaziergang auf Kungsholmen

– ❹ – ***Stadshuset › Rådhuset › Rålambshovsparken › Norr Mälarstrand

Dauer: 2 Std.
Praktische Hinweise: Von der U-Bahn-Station ❶ Centralen gelangt man über die Stadshusbron genannte Brücke zum Stadshuset, das Ausgangs- und Endpunkt des Rundgangs ist.

7 ***Stadshuset 29

Das Stadthaus aus roten Backsteinen liegt an prominenter Stelle am Ufer des Riddarfjärden auf der Insel Kungsholmen und ist das Wahrzeichen Stockholms. Schon aus der Ferne lässt es sich an seinem gut 100 m hohen Turm, der von den drei goldenen Kronen des Staatswappens gekrönt ist, ausmachen. Ragnar Östberg, von 1911–1923 für den Bau verantwortlich, ließ sich von der skandinavischen Nationalromantik, der nordischen Gotik, aber auch von venezianischen Palästen inspirieren. So sind Ähnlichkeiten mit dem Markusplatz in Venedig

Die sagenhafte Mälardrottningen im »Goldenen Saal« des Stadshuset

nicht zufällig, das fängt bei der Lage direkt am Wasser an und setzt sich bei der Arkadenreihe mit ihren geschwungenen Bögen und der »Blauen Halle« fort. Doch insgesamt besitzt das Stadshuset nicht ganz die venezianische Eleganz, denn es wirkt kantiger und düsterer. Hinter der Fassade aus dunkelroten Backsteinen liegen 250 Büros und Besprechungszimmer für Politiker und Beamte, aber auch prunkvolle Festsäle mit sehenswerten Kunstwerken. Im Ratssaal tagt regelmäßig der Stadtrat.

Neben der alltäglichen Verwaltung der schwedischen Hauptstadt finden im Stadshuset am 10. Dezember die alljährlichen Feierlichkeiten zur **Nobelpreisverleihung** statt. Dann versammeln sich in der »Blauen Halle« Preisträger, Mitglieder der Königsfamilie und Gäste zum Festbankett, sitzen mehr als 1000 Gäste dicht gedrängt an langen Tischen und feiern mit den Preisträgern. Erstaunlicherweise sucht man in der »Blauen Halle« vergeblich die Farbe Blau. Ursprünglich sollten die Wände der Halle als Symbol des Meeres in kräftigem Blau gestrichen werden. Die Klinker waren bereits in mühsamer Handarbeit wellenförmig behauen, doch dann änderte der Architekt seine Meinung und die Wände blieben rot.

Nach dem Bankett begibt sich die Nobelgesellschaft zum Tanz in den »Goldenen Saal«, dessen **Wände aus goldenen Mosaiken mit mehr als 18 Mio. Teilen** bestehen. Zehn Jahre hat es gedauert, die von byzantinischer Kunst inspirierten Entwürfe von Einar Forseth (1892–1988) umzusetzen. An der Stirnseite des Saales thront seitdem die **Mälardrottningen,** die Königin des Mälarsees, Mittlerin zwischen Orient und Okzident, als glupschäugige Göttin mit abstehenden Zöpfen – damals ein höchst umstrittenes Kunstwerk.

Auch an anderen Details hat man beim Bau nicht gespart, so stammt in der Prinzengalerie das Fresko »Die Stadt auf dem Wasser« von Prinz Eugen › S. 114 und bekannte Möbeldesigner wie Carl Malmsten › S. 103 übernahmen die Innenausstattung. (Hantverkargatan 1, Führungen: Juni–Aug. 9.30–16 Uhr halbstündlich auf Englisch, sonst tgl. 10, 11, 12, 14, 15 Uhr, www.stockholm.se/cityhall)

Am Fuß der östlichen Turmseite, unter einem von Säulen getragenen Baldachin, ist die Skulptur des Stadtgründers Birger Jarl zu sehen, nicht weit von ihm entfernt, auf einer Säule direkt am

Wasser, der Freiheitskämpfer Engelbrekt Engelbrektsson. Von Ragnar Östberg erhielt der schwedische Bildhauer Carl Eldh den Auftrag, den **Stadshuspark** mit Skulpturen zu verschönern. So schuf er die Triologie »Verfasser« (August Strindberg), »Dichter« (Gustav Fröding) und »Maler« (Ernst Josephson), die wegen der unbekleideten Personen von vielen kritisiert wurde. Ebenfalls nackt und von Carl Eldh sind die beiden Figuren an den Stufen hinunter zum Wasser, »Dansen« ist weiblich, »Sangen« männlich.

Mit einem Fahrstuhl gelangt man zur Plattform im **Turm** unter dem Glockenstuhl. Im Turm gibt es Figuren und Köpfe aus der Geschichte der Stadt zu sehen, unter ihnen der Stadtpatron St. Erik. Bei guter Sicht überblickt man von oben die ganze Stadt, erkennt ==wie Festland, Inseln und Wasser ein unentwirrbares Labyrinth bilden== und Ausflugsboote und Schärendampfer die verwinkelten Wasserwege durchpflügen. (Turmmuseum: Juni–Aug. 9–17, sonst tgl. 9–16 Uhr)

Restaurant

Im **Stadshuskällaren** › S. 30 kann jeder speisen wie ein Nobelpreisträger. Das aktuelle Menü gibt es relativ kurzfristig – ein nicht ganz billiges, aber erlesenes kulinarisches Vergnügen. Wer einige Tage im Voraus bestellt und mit mindestens acht Personen kommt, kann sich jedes Nobelpreismenü seit 1901 servieren lassen. Wie wäre es mit dem Lammrücken, den Heinrich Böll 1972 speiste, oder dem Lammfilet, das Günter Grass 1999 verzehrte? Für den kleineren Geldbeutel empfiehlt sich der Business Lunch.

Rådhuset 30

Das Stockholmer Rathaus in der Scheelegatan 7 wurde zwischen 1911 und 1915 nach Plänen von Carl Westman errichtet. Wie Ragnar Östberg, der Architekt des Stadshuset, war auch Westman damals einer der führenden Vertreter der nationalromantischen Schule. Der imposante Bau mit markantem Turm ist inspiriert von der Wasazeit und der südschwedischen Burg Vadstena, besitzt aber auch Jugendstilelemente. Heute hat das Stockholmer Amtsgericht hier seinen Sitz.

Auf der Rückseite des Rathauses, nur durch eine kleine Grünanlage getrennt, erhebt sich das nicht minder imposante **Polizeihauptquartier**. Es ist zwar zur selben Zeit wie das Rathaus entstanden, bricht aber mit der damals in Schweden vorherrschenden Nationalromantik und ist eher dem Imperialstil zuzurechnen.

Rålambshovsparken 31

Der Park am Riddarfjärden, der kurz »Rålis« genannt wird, verfügt über ausgedehnte Rasenflächen und ist v. a. bei jungen Leuten beliebt. Hier kann man Boule, Fußball oder Beachvolleyball spielen, picknicken oder einfach nur sonnenbaden. Im Amphitheater hat das Parkteatern › S. 59 eine Spielstätte. Etwas weiter südwestlich liegt das **Smedsuddsbadet** mit einem kleinen Sandstrand.

Norr Mälarstrand 32

Norr Mälarstrand, der sich vom Rålambshovsparken bis zum Stadshuset entlangzieht, ist bei Spaziergängern und Joggern sehr beliebt, denn neben der viel befahrenen Straße gibt es einen schönen Uferweg. Dabei kann man auf dem ganzen Weg über den Riddarfjärden bis Långholmen, Södermalm, Riddarholmen und Gamla stan schauen.

Bis zum frühen 20. Jh. gab es auf der Insel Kungsholmen noch viel Textilindustrie und Färbereien, doch mittlerweile hat sich das einstige Arbeiterviertel zu einer der beliebtesten Wohngegenden Stockholms entwickelt – v. a. die Häuserreihe am Wasser zählt zu den begehrten Wohnlagen. Die Wohnhäuser im funktionalistischen Stil im mittleren Teil der Straße wurden in den 1930er-Jahren errichtet. Im Haus Nr. 66 mit der dunkelgelben Fassade wohnte von 1935 bis zu seinem Tod 1952 der Geograf und Forschungsreisende Sven Hedin.

Auf dem letzten Stück des Norr Mälarstrand vor dem Stadshuset liegen **historische Boote** dicht an dicht vertäut. An jedem Liegeplatz gibt ein Schild Auskunft über die Geschichte des jeweiligen Schiffes. Im Sommer wird hier kräftig gehämmert und gewerkelt.

Aktivitäten

Kungsholmen vom Wasser aus entdecken kann man auf der historischen **Kanaltour** von Strömma › S. 21. Die Boote zu dem knapp einstündigen Ausflug legen an der Stadshusbron ab.

Ladugårdsgärdet & Östermalm

– 5 – **Kaknästornet** › ****Museiparken** › **Nobelparken** › ****Historiska museet** › ****Östermalms saluhall** › **Armémuseum** › ***Musik- och teatermuseet** › **Hovstallet** › ***Strandvägen** › ***Dramaten** › **Stureplan** › **Humlegården** › **Stockholm stadion**

Dauer: 3 Std.
Praktische Hinweise: Zum Start des Spaziergangs am Kaknästornet fährt z. B. vom Hauptbahnhof der Bus Nr. 69. Vom Endpunkt kommt man mit der U-Bahn (T Stadion) bequem wieder in die City.

Kaknästornet 1

In Ladugårdsgärdet steht der 155 m hohe Funk- und Fernsehturm, der in den 1960er-Jahren errichtet wurde. In 128 m Höhe gibt es eine Aussichtsplattform, ferner ein Restaurant mit Panoramafenstern. **Der Blick vom höchsten Punkt der Stadt** ist be- sonders schön an klaren Abenden. (Kaknäsvägen, Juni–Aug. 9 bis 22, sonst 10–21 Uhr, www.kaknastornet.se)

Restaurant

Das Ausflugslokal **Djurgårdsbrunn** › S. 33 ist beliebt wegen seiner Lage direkt am Djurgårdsbrunns-Kanal. Bei schönem Wetter kann man auf der großen Terrasse schwedische und mediterrane Gerichte genießen.

Der Norden][Ladugårdsgärdet & Östermalm

Museiparken 2

Der Museumspark in Ladugårdsgärdet umfasst fünf verschiedene Museen. Das **Etnografiska museet** zeigt Artefakte aus aller Welt, darunter auch solche, die berühmte schwedische Forschungsreisende wie Sven Hedin und Carl von Linné von ihren Expeditionen mit nach Hause gebracht haben. Umfangreich ist auch die Ausstellung über die nordamerikanischen Indianer, die den Zeitraum vor Kolumbus bis zur Gegenwart abdeckt. Im Teehaus kann man an der original japanischen Teezeremonie »Cha-No-Yu« teilnehmen. (Djurgårdsbrunnsvägen 34, Mo bis Fr 10–17, Sa, So 11–17 Uhr, www.etnografiska.se)

Das **Tekniska museet** ist das größte Wissenschafts- und Technologiemuseum des Landes und bietet genug Beschäftigung für einen ganzen Tag. Im Erdgeschoss befindet sich die Maschinenhalle, in der Verbrennungsmotoren, Bergwerksmaschinen, Flugzeuge und Oldtimer-Autos dicht an dicht stehen. Im **Teknorama** können Kinder, Jugendliche und Erwachsene nach Herzenslust experimentieren, alle Stationen sind auch in Englisch beschrieben. Im obersten Stockwerk gibt es eine große Modelleisenbahnanlage.

Zusätzlich veranstaltet das Technische Museum jede Menge Sonderausstellungen, die neueste zeigt die 100 wichtigsten Erfindungen aller Zeiten (www.100innovationer.com).

Wer dann noch Zeit und Lust hat, kann sich im **Cino4** Filme anschauen, die nicht nur dreidimensional sind, sondern bei denen sich die Sitze bewegen und Düfte das Gesehene begleiten. (Museivägen 7, Mo–Fr 10–17, Mi bis 20, Sa, So 11–17 Uhr, www.tekniskamuseet.se)

Das **Sjöhistoriska museet** zeigt Exponate zur Unterwasserarchäologie, zur Geschichte der Kriegsmarine und das Achterkastell des königlichen Schoners »Amphion«. Ein ganzer Saal ist für die Modellschiffsammlung reserviert, jeder Schiffstyp vom Wikingerboot bis zum Öltanker ist hier vertreten. Eine Sonderausstellung befasst sich mit Piraterie, wobei auch aktuelle Beispiele vom Horn von Afrika erläutert werden. (Djurgårdsbrunnsvägen 24, Di bis So 10–17 Uhr, www.sjohistoriska.se, Eintritt frei)

Im **Polismuseet** neben dem Tekniska museet erfährt man alles über die schwedische Polizei (Museivägen 7, Di–Fr 12–17, Sa, So 11–17, www.polismuseet.se, Kinder und Jugendliche Eintritt frei) und im **Riksidrottsmuseet,** dem nationalen Sportmuseum, über Sport in Schweden von den Olympischen Spielen 1912 bis zur Gegenwart. (Djurgårdsbrunnsvägen 26, Di–Fr 12–17, Sa, So 11–17, www.riksidrottsmuseet.se)

Nobelparken 3

Der relativ kleine Park am Wasser ist als Arboretum angelegt, hier findet man so gut wie jede Baumart, die in Schweden wächst. Östlich vom Park liegt das Botschaftsviertel *(Diplomatstaden).*

Der Norden][Ladugårdsgärdet & Östermalm

— 5 — Ladugårdsgärdet & Östermalm

1. Kaknästornet
2. Museiparken
3. Nobelparken
4. Historiska museet
5. Östermalms saluhall
6. Armémuseum
7. Musik- och teatermuseet
8. Hovstallet

Die Sammlung mittelalterlicher Kirchenkunst im Historischen Museum

Historiska museet

Ein Höhepunkt des Historischen Museums ist der runde **Goldraum** im Gewölbekeller, der wie ein großer begehbarer Banktresor wirkt und auch ähnlich gut mit Stahlbetonwänden gesichert ist. Immerhin lagern hier im *guldrummet* rund 50 kg Gold und 250 kg Silber, und zwar nicht in Form von Barren, sondern als unschätzbar wertvolle Kunstgegenstände aus längst vergangenen Zeiten – etwa Goldschmiedearbeiten aus der Völkerwanderungszeit, Silberketten aus der Wikingerzeit, außerdem mittelalterliche Trinkpokale und Reliquienschreine.

Die **Wikingerabteilung** mit rund 4000 Artefakten ist wahrscheinlich die größte der Welt. Hier wurde die komplette Stadt Birka am Mälarsee ❯ S. 132 als Modell nachgebaut. Außerdem erfährt man, dass die meisten Wikinger friedfertige Bauern, Händler und Handwerker waren und nur wenige von ihnen auf Raubzüge gingen.

Das oberste Stockwerk des Historischen Museums widmet sich dem **Mittelalter** und der **Kirchenkunst**. Eines der wertvollsten Stücke ist die vergoldete Holzfigur der Madonna von Viklau aus dem frühen Mittelalter. (Narvavägen 13–17, Jan.–April, Sept.–Dez. Di, Do–So 11–17, Mi bis 20 Uhr, Mai–Aug. tgl. 10–17 Uhr, www.historiska.se)

Östermalms saluhall

Seit dem 19. Jh. ist der **Östermalmstorg** ein beliebter Treffpunkt. Auf dem relativ ruhigen Platz befindet sich die auffällige Willy-Gordon-Skulptur »Die Zusammenkunft«. Rund um den Östermalmstorg stehen stattliche Häuser, in denen mehrere Geschäfte typisch schwedisches Design anbieten.

Am Rand des Platzes fällt ein Gebäude aus roten Backsteinen ins Auge, über dessen Eingang in großen goldenen Lettern das Wort **Saluhall** steht. Wörtlich übersetzt heißt das Markthalle, was aller-

Der Norden][Ladugårdsgärdet & Östermalm

Armémuseum 6
An der nördlich parallel zum Strandvägen verlaufenden Riddargatan befindet sich das Königliche Armeemuseum im alten Zeughaus von 1879. Es verleiht mit lebensgroßen Figuren einen Überblick über 1000 Jahre schwedischer Militärgeschichte. Außerdem gibt es eine Uniform- und Waffensammlung. (Riddargatan 13, Di 11–20, Mi bis So 11–17, Juli–Aug. tgl. 10–17 Uhr, www.sfhm.se)

dings typisches schwedisches Understatement darstellt, denn die 1888 fertiggestellte Halle ist etwas für Feinschmecker. Immerhin wurde sie 2007 unter die zehn besten Markthallen weltweit gewählt, und auch der englische Starkoch Jamie Oliver lobt sie in den höchsten Tönen.

Im Innern der 3000 m² großen Halle gibt es mehrere mit Holzschnitzereien verzierte Stände, die oft schon seit Generationen in Familienbesitz sind. Keine Wunder, dass alles fast noch so aussieht wie zur Einweihung 1888 durch Oskar II. Damals wie heute ist die Östermalms saluhall ein Gourmettempel, in den Auslagen locken Obst und Gemüse, frischer Fisch und Rentiersteaks aber auch Salami aus Italien und Käse aus der Schweiz. Wer vom Durchlaufen und Schauen Appetit bekommen hat, kann v. a. zur Mittagszeit an Stehtischen eine leckere Kleinigkeit essen. (Östermalmstorg, Mo–Do 9.30–20, Fr 9.30 bis 18.30, So 9.30–16 Uhr, www.saluhallen.com)

*Musik- och teatermuseet 7
Das Stockholmer **Musikmuseum** gibt es schon seit 100 Jahren, anfangs allerdings an anderer Stelle, denn in dem Gebäude, in dem es heute untergebracht ist, befand sich bis 1958 eine Bäckerei, die das Militär mit Brot versorgte. Heute besitzt das Museum eine Sammlung von rund 6000 Musikinstrumenten, die meisten stammen aus Schweden, einige aber auch aus Afrika und Asien. Einige Instrumente, vom Kuhhorn über das Hackbrett und die Harfe bis zur elektrischen Gitarre, können Besucher auch selbst spielen. Das Musikmuseum veranstaltet darüber hinaus regelmäßig Konzerte und im Obergeschoss Sonderausstellungen, deshalb lohnt ein Blick ins Programm.

Das **Theatermuseum** zeigt Theaterpuppen aus China, Burma und Mali sowie Marionetten. Natürlich kann man die Bühnenmodelle auch aus der Nähe betrachten. (Sibyllegatan 2, Di–So 12–17 Uhr, www.musikmuseet.se)

Hovstallet 8

Immer, wenn die königliche Familie zu festlichen Anlässen durch die Stadt fährt, verdankt sie dies dem Marstall. Denn dort wird dann eine der 40 Kutschen auf Hochglanz gebracht und auch die königlichen Pferde, schwedische Halbblüter, werden noch einmal extra gestriegelt.

Besonders wertvoll ist die mit Glas verkleidete Staatskutsche, die schon 1897 während der Regierungszeit von Oskar II. zum Einsatz kam. Bei einer Führung zeigen die Ehrenkutscher ihre Sammlung an Schmuckstücken. (Väpnargatan 1, Führungen von Mitte Juni–Ende Juli Mo–Fr 13, sonst Sa, So 14 Uhr, www.kungahuset.se)

*Strandvägen 9

Noch gegen Ende des 19. Jhs. war die Gegend um den heutigen Strandvägen ein ziemlich heruntergekommenes Hafenviertel. Doch pünktlich zur Industrie- und Architekturausstellung im Sommer 1897 wurde aus dem holprigen Feldweg zwischen Nybroplan und Djurgården eine Prachtstraße. Wohlhabende Stockholmer, die mit der Industrialisierung viel Geld verdient hatten, ließen sich von bekannten Architekten regelrechte Stadtpaläste unterschiedlichen Stils bauen und bald lebten in dieser Häuserzeile am Wasser die Reichsten der Stadt.

Auch heute ist der Strandvägen mit seinen drei Lindenreihen eine der vornehmsten Adressen Stockholms. Insbesondere die breite Promenade am Wasser mit Blick auf Djurgården, Blasieholmen und Skeppsholmen lädt nicht nur die Besucher der Stadt zum Flanieren ein.

*Kungliga Dramatiska teatern 10

Der imposante Bau des kurz **Dramaten** genannten Theaters am Nybroplan ist seit seiner Eröffnung 1908 mit einem Stück von August Strindberg (› S. 89) das Nationaltheater Schwedens. Dank reichlicher Lottogelder konnte der Architekt Fredrik Liljekvist (1863 bis 1932) viele bekannte Künstler zur Ausschmückung verpflichten.

Die reich ornamentierte Fassade aus weißem Marmor orientiert sich am Wiener Jugendstil, zwei vergoldete Figuren, »Drama« und »Poesie« des schwedischen Bildhauers John Börjeson (1835–1910), flankieren den Eingang. Zwei weitere Skulpturen, »Tragödie« und »Komödie«, befinden sich im Foyer. Einige Schritte vom Eingang in Richtung Birger Jarlsgatan erinnert eine lebensgroße Statue an Margaretha Krook, eine der beliebtesten schwedischen Schauspielerinnen des 20. Jhs.

Auch das Innere des Dramaten ist verschwenderisch ausgestattet. Der große Saal ist in klassischem Theaterrot und Gold gehalten, im Foyer gibt es ein Deckengemälde von Carl Larsson, weitere Gemälde, Skulpturen und Büsten zieren das Marmorfoyer.

Der schwedische Regisseur Ingmar Bergman (1918–2007), der v. a. durch seine Filme weltberühmt wurde, war von 1963–1966

Der Norden][Ladugårdsgärdet & Östermalm

Intendant des Dramaten und hat hier mehr als 100 Stücke inszeniert. (Nybroplan, öffentl. Führung Sa 17 Uhr, Tickets unter Tel. 08 667 06 80, www.dramaten.se,)

Auf der **Birger Jarlsgatan** geht es anschließend weiter in Richtung Stureplan; hier trifft man auf edle Namen wie Gucci, Louis Vuitton, Orrefors, Kosta Boda, Georg Jensen und Hugo Boss.

Stureplan 11

Tagsüber ist der Stureplan ein hervorragender Ausgangspunkt zum Shoppen, abends zum Dinieren und Feiern. Rund um den pilzförmigen Regenschutz »Svampen« liegen das Einkaufszentrum **Sturegallerian** › S. 36 mit dem prachtvollen **Jugendstilbad Sturebadet**. (Tel. 08 54 50 15 00, Mo bis Fr 6.30–22, Sa, So 9–19 Uhr, www.sturebadet.se)

Das Jugendstilbad Sturebadet

> **Nightlife**
>
> Beliebt ist das **Sturecompagniet** › S. 41, als Hotspot des Nachtlebens gilt die **Spy Bar** › S. 41.

Humlegården 12

Ab dem 17. Jh. diente der Park als königlicher Gemüsegarten, in dem auch Hopfen, auf Schwedisch *humle,* angebaut wurde. Ab dem 18. Jh. durften sich dann alle im Humlegården erholen. Mitten im Park liegt die **Kungliga biblioteket,** die Königliche Bibliothek, die gleichzeitig Nationalbibliothek ist und in der seit 1661 so gut wie jedes Werk, das in Schweden gedruckt wurde, archiviert ist. Zu ihren Schätzen gehört der Codex Aureus (of Canterbury), eine kostbar ausgestattete lateinische Evangelienübersetzung aus dem 8. Jh. (Mo–Do 9–19, Fr bis 18, Sa 11–15 Uhr, www.kb.se)

Stockholm stadion 13

Das Stadion wurde anlässlich der Olympischen Spiele 1912 von dem Architekten Torben Grut (1871–1945) erbaut. Auch 100 Jahre später finden hier noch Sportveranstaltungen statt. Damit ist das Stockholmer Stadion die älteste Großarena der Welt, die bis auf den heutigen Tag genutzt wird. Da ist es fast logisch, dass es auch noch einen zweiten Rekord hält: In keiner anderen Wettkampfstätte wurden so viele Weltrekorde aufgestellt wie hier.

Regelmäßig trägt Djurgården IF, eine Mannschaft der ersten Fußballliga, hier seine Heimspiele aus, und alljährlich findet das große internationale Leichtathletikmeeting »DN-Galan« im Stadion statt. (Lidingövägen, www.stockholm.se/stadion)

Special
Schwedisches Design

IKEA ist Schwedens Exportschlager. Niemand hat schwedisches Design in der Welt bekannter gemacht, als der Erfinder des »unmöglichen« Möbelhauses Ingvar Kamprad. Als 17-Jähriger gründete er 1943 das Unternehmen, das in den kommenden Jahrzehnten die Möbelwelt verändern sollte. Den Namen IKEA setzte er aus den Anfangsbuchstaben von Ingvar Kamprad, dem elterlichen Bauernhof Elmtaryd und dem Namen seiner Pfarrgemeinde Agunnaryd zusammen.

Klare Formen, helle Farben, Funktionalität, Möbel aus Erle, Kiefer und Birke, Textilien mit Karos und Streifenmustern – das war und ist die Botschaft schwedischen Designs. Für die meisten Schweden beschränkt sich gutes Design nicht allein auf Kleidung und Möbel, auch Unterhaltungstechnik und simple Gebrauchsgegenstände sollen funktional, leicht zu bedienen und dabei optisch attraktiv sein.

Im Februar finden zwei große Messen, die **Stockholm Furniture & Light Fair** und die **Stockholm Design Week,** statt, auf denen die neuesten Trends präsentiert werden (www.stockholm furniturelightfair.se, www.stock holmdesignweek.com).

Topadressen
Seit 1924 existiert das Einrichtungsgeschäft **Svenskt Tenn** am noblen Strandvägen › S. 35. Rund 80 % der gezeigten Einrichtungsgegenstände beruhen auf eigenen Entwürfen, darunter sind viele aus dem Nachlass des Designklassikers Josef Frank. Im **Tesalonen** werden erlesene Teesorten stilvoll serviert.

Viele der besten skandinavischen und internationalen Möbeldesigner sind in der **Nordiska Galleriet** ⟩ S. 36 vertreten. Im gut gemachten virtuellen Showroom kann man sich unter www.nordiskagalleriet.se schon im Vorfeld die passenden Stücke aussuchen.

Die Klassiker

Im Kaufhaus **Asplund** ⟩ S. 35 bekommt man Möbel und Teppiche mit klaren Formen und Farben von bekannten schwedischen Designern wie Jonas Bohlin, Mats Theselius, Tomas Eriksson oder Eero Koivisto.

Carl Malmsten war neben Bruno Mathesson und Yngve Ekström einer der bedeutendsten Möbeldesigner Schwedens. In der **Malmstenbutiken** kann man viele seiner zeitlosen Klassiker in Augenschein nehmen (Strandvägen 5B, 🚇 Östermalmstorg, Mo–Fr 10–18, Sa 10–16, So 12–16 Uhr, www. c.malmsten.se).

Erschwinglich

Schwedens größte Kaufhauskette **Åhléns** ⟩ S. 36 besitzt mehr als ein Dutzend Häuser im Großraum Stockholm. Hier findet man ein großes Angebot von Designartikeln zu relativ günstigen Preisen. Weitere Filialen im Zentrum: Klarabergsgatan 50 (🚇 Centralen), Drottningholmsvägen 18 (🚇 Fridhemsplan) und Östermalmstorg 1–3 (🚇 Östermalmstorg).

Im Vorort Skärholmen hat 1965 das erste Stockholmer **IKEA** eröffnet, heute ist es das größte Einrichtungshaus des Konzerns (IKEA Kungens Kurva, Ekgårdsvägen 1, 🚇 Skärholmen, tgl. 10 bis 20 Uhr, www.ikea.se).

Die Newcomer

Pfiffige Kleinigkeiten für die ganze Wohnung »Made in Sweden« gibt es im **DesignTorget** ⟩ S. 35 Weitere Filialen: im Kulturhuset ⟩ S. 80 (🚇 Centralen), Kungsgatan 52 (🚇 Hötorget), Nybrogatan 16 (🚇 Östermalmstorg).

Stockholms älteste Kunsthandwerkerkooperative **Konsthantverkarna** ⟩ S. 37 zeigt in Södermalm die Arbeiten von 166 Künstlern. Im Geschäft und in der Ausstellung sind so gut wie alle Materialien vertreten.

Glaskunst

Smålands Glasreich ist bekannt für seine kreativen Arbeiten. Zwei der ältesten Glashütten zeigen ihre Produkte auch in Stockholm, im **Orrefors** und **Kosta Boda Flagship Store** (Birger Jarlsgatan 15, 🚇 Östermalmstorg, Mo–Fr 10 bis 18, Sa 10–16 Uhr, www.orrefors.se, www.kostaboda.se).

Vintage-Design

Kleidung, Einrichtung und Accessoires im Vintage-Look gibt es bei **Grandpa** ⟩ S. 38. Ein weiteres Geschäft ist in der Södermannagatan 21 (🚇 Medborgarplatsen).

Eine große Auswahl an Möbeln, Lampen und Spielzeug der 1950er- bis 1970er-Jahre gibt es bei **Wigerdals värld** (Krukmakargatan 14, 🚇 Mariatorget, Mo bis Fr 12–18, Sa 11–15 Uhr, www.wigerdal.com).

Djurgården

Nicht verpassen!

- Einen Spaziergang am Wasser mit einem Picknick beschließen
- Die stolze »Vasa« in Augenschein nehmen
- Schwedens Siedlungsgeschichte im Freilichtmuseum Skansen erleben
- Im Park von Prins Eugens Waldemarsudde die vorbeifahrenden Schiffe beobachten
- Die Gemälde von Edvard Munch in der Thielska Galleriet anschauen

Djurgården][Zur Orientierung

Zur Orientierung

Seit dem 14. Jh. ist die Insel Djurgården fast vollständig im Besitz der schwedischen Krone. Anfangs noch Weideland, gingen die feinen Herrschaften hier bald auf die Jagd. Damit der Erfolg auch garantiert war, wurde genügend Wild nach Djurgården gebracht und das Gebiet eingezäunt.

Ab dem 18. Jh. wandelte sich Djurgården immer mehr zu einer Erholungs- und Freizeitinsel. Einige der schönen alten Holzhäuser aus dieser Zeit stehen noch heute. Nur wenige Minuten mit dem Boot › S. 73 oder der Tram von der City entfernt, ist Djurgården heute das größte innerstädtische Naherholungsgebiet.

Seit 1996 gehört Djurgården zum weltweit ersten Nationalstadtpark (www.ekoparken.org). Der Park erstreckt sich vom Stadtteil Skeppsholmen › S. 85 über die Fjäderholmarna › S. 132 bis Djurgården, dem Hagaparken › S. 90, Brunsviken und Ulriksdal. Innerhalb des Parks befinden sich nicht nur ausgedehnte Grünflächen mit altem Eichenbestand, sondern auch Schlösser, Wohnsiedlungen, Industriegebiete, die Universität und sogar ein Stück der Stadtautobahn.

Für Stockholmbesucher bietet Djurgården viel Abwechslung. Herrliche Spaziergänge und Radtouren durch eine parkähnliche Landschaft oder immer am Wasser entlang lassen sich perfekt mit ausgedehnten Museumsbesuchen kombinieren. Auf der grünen Insel kann man leicht zwei Tage verbringen, auf keinen Fall versäumen sollte man das Vasamuseet, das Freilichtmuseum Skansen, Prins Eugens Waldemarsudde und die Thielska Galleriet.

Unterwegs auf Djurgården

Spaziergang auf Djurgården

– ❻ – **Nordiska museet › Junibacken › ***Vasamuseet › Biologiska museet ›

*Aquaria Vattenmuseum ›
**Liljevalchs konsthall ›
***Skansen › *Gröna Lund ›
**Prins Eugens Waldemarsudde › **Thielska Galleriet
› Rosendals slott

Dauer: 4 Std. reine Gehzeit ohne Besichtigungen

Blick über die kleine Insel Kastellholmen auf Djurgården

Praktische Hinweise: Ausgangspunkt der Tour ist die Brücke Djurgårdsbron (❶ Karlaplan). Fast die ganze Insel Djurgården kann man auf Spazierwegen, die direkt am Wasser entlangführen, umrunden. Wer aber nicht die ganze Strecke laufen möchte, kann vom Zentrum (Sergels torg › S. 80) die Tram Nr. 7 nehmen, die bis Waldemarsudde fährt. Die Thielska Galleriet ist mit dem Bus Nr. 69 (z. B. ab Sergels torg) zu erreichen, der über den Museumspark auf Ladugårdsgärdet, Kaknästornet und Djurgårdsbrunn fährt. Vom Rosendals slott kann man entweder zur Endstation der Tram Nr. 7 bei Waldemarsudde gehen oder man folgt dem Weg am Wasser zurück zur Djurgårdsbron.

Nordiska museet ❶

Das Nordische Museum mit seinen heute rund 1,5 Mio. Exponaten ist aus der Sammelwut eines einzigen Mannes entstanden. Um 1870 erkannte der Stockholmer Sprachwissenschaftler Artur Hazelius (1833–1901), dass die alte bäuerliche Kultur in Schweden langsam verschwand und die Moderne auch auf dem Land auf dem Vormarsch war. Also begann er, von nationalromantischen Idealen getrieben, allerlei Gegenstände bei den Bauern der Umgebung einzusammeln. Seine Sammelleidenschaft sprach sich herum und alsbald explodierte seine Sammlung förmlich – das Haus in der Drottninggatan jedenfalls wurde für sie zu klein. 1907 zog das Museum deshalb in das monumentale Gebäude auf Djurgården ein, das mit seinen Zinnen, Türmen und Giebeln an eine Renaissanceburg erinnert.

In der zentralen Halle begrüßt eine 6 m hohe, vergoldete Statue von Gustav Wasa die Besucher, sie ist ein Werk von Carl Milles. Das Erdgeschoss ist für Wechselausstellungen reserviert, in den drei darüberliegenden Stockwerken kann man sich all das, ==was für Schweden in den letzten 500 Jahren typisch war,== anschauen: vornehme Tischarrangements, Puppenhäuser, Uhren, Tabakdosen, Trachten, bemalte Bauernschränke, möblierte Räume aus verschiedenen Epochen sowie Alltagsgegenstände und Gemälde von August Strindberg. Echt gut

Im Museum erfährt man, wie die Schweden ihre traditionellen Feste Mittsommer oder Walpurgisnacht feiern. Zu sehen ist auch ein Film, der zeigt, wie zeitraubend es im 18. Jh. war, sich gesellschaftlich korrekt zu kleiden. Ganze zehn Minuten haben die Damen damals gebraucht, bis sie alle Kleidungsstücke unter der Krinoline angelegt hatten. (Djurgårdsvägen 6–16, tgl. 10–17 Uhr, Mi bis 20 Uhr bei freiem Eintritt ab 17 Uhr außer Juni–Aug., www.nordiskamuseet.se)

Junibacken ❷

Bei einem Besuch von Junibacken, das 1996 in einer alten Bootshalle

Djurgården II Spaziergang auf Djurgården

eröffnet wurde, taucht man in die Welt von Astrid Lindgren und ihrer Romanfiguren ein. Trotz ihres damals schon hohen Alters hat die erfolgreichste Kinderbuchautorin der Welt, mit einer Gesamtauflage von über 20 Mio. Büchern, voller Begeisterung an der Gestaltung von Junibacken mitgewirkt. Mit dem Märchenzug »Sagatåget« kann man Junibacken bequem erkunden. Dabei werden sich viele an Madita, Katthult, Karlsson vom Dach, Michel aus Lönneberga, Ronja Räubertochter und natürlich Pippi Langstrumpf erinnern. Doch damit nicht genug, in Junibacken erfährt man auch alles über die anderen skandinavischen Kinderbuchklassiker, den kleinen Willi Wiberg von Gunilla Bergström, die Mummins von Tove Jansson und Pettersson und Findus von Sven Nordqvist.

Auf der Theaterbühne finden mehrmals täglich Vorstellungen statt. Außerdem kann man Kinderspielzeug und alle Astrid-Lindgren-Klassiker, einige sogar auf Deutsch, erwerben. (Galärvarvsvägen, Tel. 08 58 72 30 00, Juli bis Mitte Aug. tgl. 10–18, Juni und Mitte–Ende Aug. tgl. 10–17, sonst Di–So 10–17 Uhr, www.junibacken.se).

***Vasamuseet

König Gustav II. Adolf (1594–1632) träumte von einer Großmacht Schweden und ließ sich deshalb ein beeindruckendes Kriegsschiff bauen: die »Vasa«. Furchteinflößend und schön sollte es sein, mit über 50 m hohen Masten, 64 Kanonen, 450 Mann Besatzung und geschmückt mit mehr als 500 Holzfiguren.

Drei Jahre lang arbeiteten Zimmerleute, Schmiede und Segelmacher am neuen Flaggschiff der Flotte. Aus 1000 Eichen entstand der mit Schnitzereien verzierte Rumpf. Am Sonntag, den 10. August 1628, war es dann endlich so weit: die »Vasa« ging auf Jungfernfahrt. Die Stockholmer feierten ein großes Fest, das Wetter war schön, der Wind wehte nur schwach. Was dann geschah, hat ein Augenzeuge für die Nachwelt festgehalten: »Als das Schiff die Bucht bei Tegelviken erreichte, kam etwas mehr Wind in die Segel, und bald begann es stark leewärts zu krängen, richtete sich aber wieder auf, bis es sich vor Beckholmen ganz auf die Seite legte und Wasser in die Kanonenpforten eindrang, so dass es langsam versank, mit gehissten Segeln, Flaggen und allem.«

Nur gut einen Kilometer hatte es das prächtige Schiff, der Stolz der Flotte, geschafft! Was war schief gelaufen? Schiffe wurden damals noch ni schaftlichen Me man konnte nu werte zurückgr man, dass das S mächtigen Aufbauten zu instabil war und kentern musste. Höchstwahrscheinlich hätte es ausgereicht, den Rumpf um 20 cm zu verbreitern, und die »Vasa« wäre seetüchtig gewesen.

Alle Bergungsversuche in den darauf folgenden Jahren scheiterten, nur ein paar Kanonen konnte gehoben werden. Erst im April 1961, nach 333 Jahren auf dem Meeresgrund, konnte das Wrack schließlich geborgen werden. Anschließend machte man sich daran, das gigantische Puzzle aus über 14 000 Teilen wieder zusammenzusetzen. Das größte Problem war der 1000 t schwere, mit Wasser vollgesogene Rumpf. Um ein Schrumpfen des Eichenholzes zu verhindern, wurde der gesamte Schiffsrumpf zur Konservierung mit Polyäthylenglykol besprüht – 17 Jahre lang!

Im Vasamuseum hat das einst stolze Kriegsschiff unweit der Stelle, wo es gesunken ist, seinen letzten Hafen gefunden. Der dunkle Eichenkoloss steht als Relikt aus vergangenen Zeiten in einer abgedunkelten Halle. Das gesamte Schiff wurde so rekons-

— 6 — Spaziergang auf Djurgården

1 Nordiska museet
2 Junibacken
3 Vasamuseet
4 Biologiska museet
5 Aquaria Vattenmuseum
6 Liljevalchs konsthall
7 Skansen

Djurgården][Spaziergang auf Djurgården

truiert, wie es im Moment des Unterganges aussah. Es scheint bereit zu sein zum Segelsetzen – aber das war ja schon auf der Jungferfahrt schief gegangen.

Auf drei Galerien kann man den ganzen Schiffsrumpf aus der Nähe in Augenschein nehmen. Am Bug befindet sich als Galionsfigur ein 4 m langer, springender Löwe in Anspielung auf König Gustav II. Adolf, der auch »Löwe des Nordens« genannt wurde. Praktisch das gesamte Heck ist mit Figuren und Ornamenten geschmückt – Symbol der königlichen Macht. Viele Bildhauer stammten aus Deutschland und den Niederlanden und wählten – typisch für die Spätrenaissance – Motive aus der Bibel, der griechischen Mythologie und des schwedischen Königshauses.

Heute wirkt die »Vasa« düster, fast schwarz, doch als sie zu ihrer Jungfernfahrt aufbrach, war sie weitaus farbenfroher. Erst vor einigen Jahren gelang es, nach mühsamer Kleinarbeit und der Analyse von über 1000 Pigmenten, die Farben der Skulpturen zu rekonstruieren. Mittlerweile gibt es ein Modell, das die »Vasa« in ihrer ganzen Farbenpracht zeigt: mit rotem Rumpf, goldenen Löwen und bunten Figuren. (Galärvarvsvägen 14, Tel. 08 51 95 58 10, Juni–Aug. tgl. 8.30–18, sonst Do bis Di 10–17, Mi 10–20 Uhr, www.vasamuseet.se)

Hinter dem Museum kann man im Hafen Vasa Hamnen einige **Schiffsveteranen** wie das Leuchtschiff »Finngrundet« und den Eisbrecher »Sankt Erik« aus der Nähe anschauen. Einige Schritte landeinwärts liegt der Galärvarvs-Friedhof, auf dem die Matrosen begraben sind, die beim Untergang der »Vasa« ertranken.

Hier befindet sich auch das Monument für die **Opfer der »Estonia«,** die am 28. Sept. 1994 auf dem Weg von Tallinn nach Stockholm unter immer noch nicht geklärten Umständen sank.

8 Gröna Lund
9 Prins Eugens Waldemarsudde
10 Thielska Galleriet
11 Rosendals slott

Auf drei Granitmauern, die einen Schiffsbug symbolisieren, sind die Namen der mehr als 800 Opfer eingraviert.

Restaurant

Bei **Ulla Winbladh** › S. 33 gibt es typische schwedische Hausmannskost. Im Sommer sitzt man schön im großen Außenbereich, sonst im historischen Gebäude von 1897. Der Name des Restaurants geht auf eine Figur in Carl Michael Bellmans Liedern zurück.

Biologiska museet 4

Der schwedische Architekt des Biologischen Museums, Agi Lindegren (1858–1927), ließ sich Ende des 19. Jhs. von nationalromantischen Strömungen und mittelalterlichen norwegischen Stabkirchen inspirieren. Der mit dunklen Holzschindeln verkleidete Bau besitzt zwar keinen Turm und auch nicht die verspielte Leichtigkeit einiger Stabkirchen, doch der mit Ornamenten und Fantasiefiguren reich geschmückte Eingangsbereich ist ihm perfekt gelungen. Im Vergleich zu modernen, interaktiven Multimediamuseen mag die Präsentation ausgestopfter Tiere eher langweilig wirken, doch bei der Eröffnung 1893 war dieses Museum weltweit einmalig.

Bevor man die zentrale Wendeltreppe zur eigentlichen Ausstellung hinaufsteigt, lohnt ein Blick in den Schaukasten, in dem ein *skvader*, vorne Hase, hinten Auerhahn, zu sehen ist. Dieses Fabeltier soll angeblich 1890 im mittelschwedischen Sundsvall geschossen und dann präpariert worden sein. Die Geschichte ist natürlich nicht wahr, aber die Präparation ist gelungen.

In der Rotunde im Obergeschoss sind vor einem gemalten Hintergrund so gut wie alle Tiere Schwedens in der jeweils für sie typischen Landschaft versammelt. Die Seevögel brüten in den Klippen und der Elch schaut aus dem Wald, während die Kraniche ihren Tanz aufführen. Nach einer 360-Grad-Runde kennt man alle schwedischen Landschaften und hat so viele Tiere gesehen, wie man in zehn Jahren in freier Wildbahn nie zu Gesicht bekommen würde. (Hazeliusporten, April bis Sept. tgl. 11–16 Uhr, sonst Di–Fr 12–15, Sa, So 10–15 Uhr, www.biologiskamuseet.com)

Bellmandagen

Wer am 26. Juli in der Stadt ist, kann mit den Stockholmern den Bellman-Tag feiern. Carl Michael Bellman (› S. 125) war zu Zeiten Gustavs III. einer der ganz großen schwedischen Barden, der gerne durch die Kneipen zog und seine Lieder zum Besten gab. Die Schweden lieben ihn – auch noch mehr als 200 Jahre nach seinem Tod.

In Stockholm fährt man am Bellman-Tag mit dem Picknickkorb nach Djurgården und singt seine Trink- und Liebeslieder. Hier wurde am 26. Juli 1829 zu Ehren des Liederdichters eine bronzene Portraitbüste des schwedischen Bildhauers Johan Niclas Byström enthüllt.

*Aquaria Vattenmuseum 5

Innerhalb weniger Minuten wandert man im Wassermuseum vom tropischen Regenwald bis zur Ostsee, und auf kleinstem Raum wächst hier ein südamerikanischer Regenwald. Auf den schmalen und verschlungenen Pfaden kommt man wegen der feuchtheißen Luft schnell ins Schwitzen. Man sieht Piranhas und Pfeilgiftfrösche und kann durch Scheiben das Leben im Fluss unter Wasser beobachten. Im kleinen Mangrovensumpf lebt der Schützenfisch, der seine Beute, kleine Insekten, mit einem Wasserstrahl von umliegenden Pflanzen schießt.

Im Meeresaquarium sind Muränen, Korallen, Seesterne und Haie, auf dem tropischen Korallenriff Doktorfische und Seeigel zu sehen. Dann geht es ins kühle skandinavische Hochland, zu den Stromschnellen und dem Gebirgsteich mit einem Schwarm Saiblingen. Das Wasser, das die Stromschnellen speist, fließt im Außenbereich über Lachstreppen wieder zurück in die Ostsee. Im Herbst wandern sogar einige Meeresforellen über diese Treppe in den Teich, um hier zu laichen. (Falkenbergsgatan 2, Mitte Juni bis Mitte Aug. tgl. 10–18, sonst Di–So 10–16.30 Uhr, www.aquaria.se)

**Liljevalchs konsthall 6

Die Eröffnung der staatlichen Kunsthalle 1916 bot zeitgenössischen Künstlern erstmals einen unabhängigen Ausstellungsraum.

Der reich verzierte Eingangsbereich des Biologischen Museums

Möglich wurde der Bau durch eine großzügige Spende des Industriellen Carl Fredrik Liljevalch. Der Bau im Stil des Neoklassizismus von Carl Bergsten (1879 von 1935) zählt wegen seiner großen, indirekt beleuchteten Haupthalle zu den **schönsten Kunsthallen Nordeuropas.**

Die Kunsthalle besitzt keine eigene Sammlung, schafft es aber immer wieder, im dreimonatigen Wechsel hochkarätige Ausstellungen zu organisieren. Vor allem der **Frühjahrssalon** (Vårsalongen) von Ende Januar bis Ende März hat seit der ersten Veranstaltung 1921 einen festen Platz im Kunstkalender der Stadt und bietet oft jungen, unbekannten Künstlern ein Forum.

Am Eingang zur Kunsthalle steht auf einer hohen Granitsäule »Der Bogenschütze«, eine Skulptur von Carl Milles. (Djurgårdsvägen 60, Juni–Aug. Di, Do 11–19, Mi, Fr–So 11–17, sonst Di, Do 11–20, Mi, Fr–So 11–17 Uhr, www.liljevalchs.se)

Café-Restaurant

Nach einem Museumsbesuch oder Sonntagsspaziergang gehen die Stockholmer gerne ins **Blå Porten** › S. 34. Im lauschigen Garten direkt im Anschluss an das Atrium der Kunsthalle sitzt man ruhig und kann die hervorragenden Kuchen genießen.

***Skansen 7

Der Besuch von Skansen ist wie eine Reise durch Schweden en miniature. Allerdings nicht durch das moderne Schweden der Gegenwart, sondern das vor der Industrialisierung. Bereits 1891 öffnete Skansen seine Tore – es ist damit das älteste Freilichtmuseum der Welt. Entstanden ist das Museum auf Betreiben von Artur Hazelius › S. 106, der bis zu seinem Tod 1901 auf dem Gelände lebte. Er wollte für die Nachwelt die bäuerlichen Traditionen erhalten, die mehr und mehr dem modernen Leben wichen. Hazelius strebte jedoch keine sterile, langweilige Sammlung in Glasvitrinen an, sondern ein lebendiges, begehbares und erlebbares Museum.

Heute besteht das Museum auf einer Fläche von 300 000 m² aus rund 150 historischen Gebäuden aus allen Landesteilen Schwedens. Das Freilichtmuseum ist aber nicht nur eines der beliebtesten Touristenziele, viele Stockholmer besitzen eine Dauerkarte, um hier die traditionellen Feste zu feiern oder einfach einen Sonntagsausflug zu machen.

Von den Gehöften des südschwedischen Skåne bis zu den einfachen Unterkünften der Samen jenseits des Polarkreises ist in Skansen alles naturgetreu wiederaufgebaut worden. Zu den ersten Gebäuden, die in Skansen einen neuen Standort fanden, gehören ein Haus aus dem mittelschwedischen Dalarna und ein Lager der Samen.

Die **Seglora kyrka** aus dem Jahre 1730 ist ein klobiger Holzbau, das Dach mit Holzschindeln gedeckt und die Außenwände mit Teer und roter Farbe gestrichen. Ihr Innenraum ist in schlichtem Weiß gehalten. Aus der Chronik der Kirche weiß man, dass anfangs jeder Hof im Gemeindegebiet seine eigene Reihe während der Gottesdienste beanspruchen konnte. Am Ende des 17. Jhs. gab es dann eine Änderung der Sitzordnung, jetzt mussten die Männer rechts und die Frauen links vom Mittelgang sitzen.

Das höchste Gebäude auf dem Museumsgelände ist der freistehende **Glockenturm aus Hälestad,** einem kleinen Ort in Östergötland. Die Eigenart, die Glocken in einem freistehenden Turm unterzubringen, hat im Norden und Osten Europas eine lange Tradition, erst aus Kostengründen kamen sie später in die Kirchtürme.

Vom 30 m hohen Aussichtsturm **Bredablick,** 1874 aus roten Ziegelsteinen errichtet, ist die ganze Stadt zu überblicken.

Auch das Haupthaus des Landgutes **Skogaholm** von 1680, aus dem gleichnamigen Eisenhüttendorf in Mittelschweden, hat auf dem Skansen-Hügel einen neuen Platz gefunden.

Djurgården][Spaziergang auf Djurgården

Beliebt als Hochzeitskirche: die Seglora-Kirche in Skansen

Einer der Höhepunkte des Museumsbesuchs ist der Rundgang durch das **alte Stadtviertel,** das aus eng gedrängten Stockholmer Häusern und Werkstätten aus dem 18. und 19. Jh. besteht. Vor allem an Wochenenden lohnt der Besuch, denn dann arbeitet die Töpferei und auf der mit Muskelkraft betriebenen Töpferscheibe entstehen Krüge und Schalen wie vor 100 Jahren. In der Buchbinderei werden handgedruckte Seiten liebevoll zu Büchern zusammengefügt, und wer will, kann Postkarten kaufen. Auch in der Goldschmiede, der Bäckerei und der Glasbläserei bekommen Besucher **die alten Handwerkskünste vorgeführt.**

Das ganze Jahr über bietet Skansen eine bunte Mischung an Veranstaltungen: Konzerte, Volkstänze, Theateraufführungen und Ausstellungen. Vor allem die traditionellen schwedischen Feste, wie die Weihnachtsmesse in der Seglora-Kirche, das Walpurgisfeuer, Mittsommer, das Luciafest oder die Adventszeit **sind in Skansen immer sehr stimmungsvoll.**

Darüber hinaus gibt es Spielplätze, Buden mit Süßigkeiten und Andenken sowie mehrere Restaurants. Kinder freuen sich über den kleinen Zoo mit den für Schweden typischen Tieren und über das Aquarium mit Krokodilen, Schlangen und Vogelspinnen.

Auf dem Museumsgelände befindet sich auch das **Tobaksmuseet,** in dem die größte je hergestellte Zigarre mit einer Länge von 5,6 m und einem Gewicht von 112 kg zu bewundern ist. (Djurgårdsslätten 49, Mittsommer bis Mitte Aug. tgl. 10–22, Sept. 10–18, Mai–Mittsommer 10–19, April, Okt. 10–16, sonst Mo–Fr 10–15, Sa, So 10–16 Uhr, www.skansen.se, einen detaillierten Lageplan kann man sich von der Skansen-Webseite herunterladen.)

*Gröna Lund 8

Im 18. Jh. vergnügte sich der berühmte Barde Carl Michael Bellman ❯ S. 125 in dem Gasthaus »Gröna Lund« auf der Insel Djurgården. 1883 eröffnete der Deutsche Jacob Schultheiss an dieser Stelle einen kleinen Rummelplatz und benannte ihn nach Bellmans Lieblingskneipe. Gröna Lund ist damit Schwedens ältester Freizeitpark. Dicht gedrängt gibt es hier Achterbahnen und andere Fahrgeschäfte, darunter als eine der neuesten Attraktionen einen Turm, der Mutigen für einige Sekunden das Gefühl des freien Falls beschert. Neben den Kirmesattraktionen ist die Musikbühne beliebt, auf der schon Bob Marley vor mehr als 30 000 Zuschauern gesungen hat. Für das leibliche Wohl sorgen etliche Restaurants. (Lilla Allmänna gränd, Tel. 08 58 75 02 94, nur von Ende April bis Ende Sept. geöffnet, genaue Öffnungszeiten unter www.gronalund.com, meist von 10–22 Uhr).

**Prins Eugens Waldemarsudde 9

In Schweden schätzen viele Kunstinteressierte Prinz Eugen (1865 bis 1947), den Sohn Oskars II., als talentierten Landschaftsmaler. Er schuf aber auch das Altargemälde in der Kirche von Kiruna, die Fresken im Stockholmer Stadshuset sowie die Wandgemälde im Opernhaus. Außerhalb Schwedens kennt ihn kaum jemand.

Zwischen 1903 und 1905 ließ er sich von dem Architekten Ferdinand Boberg ❯ S. 81 auf einer Landzunge in Djurgården ein schlossähnliches Haus bauen. Rund zehn Jahre später erweiterte er das Anwesen um ein modernes Ateliergebäude. In dem weitläufigen Park sind darüber hinaus das »Alte Haus« und die »Leinölmühle«, beide aus der Zeit um 1780, bis heute erhalten geblieben.

Seit der Fertigstellung seines Traumhauses lebte und malte der Prinz in Waldemarsudde. Viele seiner Werke wie »Die Wolke«, »Das alte Schloss« und »Auslaufender Dampfer« sind heute in dem Haus, das er testamentarisch dem Staat vermachte, ausgestellt.

Der Prinz war aber nicht nur ein begeisterter Maler, sondern auch ein leidenschaftlicher Kunstsammler und großzügiger Mäzen junger Künstler. Bei seinem Tod umfasste seine Kunstsammlung ungefähr 6000 Werke hauptsächlich schwedischer Maler des 19. und 20. Jhs. Zu sehen sind unter anderem Werke von Bruno Liljefors, Richard Bergh und Anders Zorn. Die Räume im Erdgeschoss sind noch original eingerichtet, die oberen Etagen mit dem ehemaligen Atelier des Prinzen unter dem Dach werden vor allem für Wechselausstellungen genutzt.

Der Prinz kümmerte sich auch akribisch um die Gestaltung der weitläufigen **Parkanlage**. Im Garten von Waldemarsudde, von dem man einen schönen Blick aufs Wasser hat, stehen Skulpturen von Carl Milles, Carl Eldh und Auguste Rodin. (Prins Eugens väg 6, Di–So 11–17, Do bis 20 Uhr, www.waldemarsudde.se)

Djurgården][Spaziergang auf Djurgården

10 **Thielska Galleriet** 🔟

Die Thielska Galleriet in einmaliger Lage am äußersten östlichen Zipfel von Djurgården beherbergt eine herausragende Sammlung nordeuropäischer Kunst vom späten 19. bis zum frühen 20. Jh. Vor dem Bau schrieb der Bankier Ernst Thiel an seinen Architekten Ferdinand Boberg (› S. 81): »Ich möchte ein angemessenes Heim mit Bildern an allen Wänden«. Was Boberg aus dieser Vorgabe zwischen 1904 und 1907 machte, ist auch heute noch beeindruckend: eine großzügige weiße Villa mit grün lasierten Fliesen, die maurische Pracht, europäischen Art nouveau und schwedische Herrenhaustradition vereint.

Thiel war ein leidenschaftlicher Kunstsammler und eng befreundet mit vielen skandinavischen Künstlern seiner Zeit. Dazu verfügte er über die finanziellen Mittel, viele Gemälde zu erwerben. Doch Thiels Erfolg war nicht von Dauer. Innerhalb von nur 15 Jahren hatte er als einer der reichsten Männer Schwedens sein gesamtes Vermögen aufgezehrt. Um die Kunstsammlung zu retten, übernahm der schwedische Staat 1924 die Galerie und machte sie zwei Jahre später der Öffentlichkeit zugänglich. Nach einigen misslungenen Sanierungsversuchen hat das Anwesen mittlerweile wieder sein ursprüngliches Aussehen.

Zu den Höhepunkten der Sammlung schwedischer Künstler gehören die hellen, freundlichen Bilder von Carl Larsson aus Sundborn und die teils großformatigen Landschaften von Bruno Liljefors. Doch Thiel erwarb nicht nur schwedische Künstler, auch der Norweger Edvard Munch hatte es ihm angetan. **Zu sehen sind deshalb elf von Munchs Bildern,** darunter »Das kranke Kind«, »Verzweiflung« und »Die Mädchen auf der Brücke« sowie eine Reihe seiner Druckgrafiken.

Edvard Munchs »Verzweiflung« in der Thielska Galleriet

Auf diese Käufe war Ernst Thiel besonders stolz und sich sicher, dass sein Munch-Saal in Europa einmalig ist. Unter die Druckgrafik »Geschrei« (»Der Schrei«) vermerkte Edvard Munch auf Deutsch: »Ich fühlte das grosse Geschrei durch die Natur«.

Im obersten Stockwerk der Galerie ist eine Totenmaske von

Djurgården][Spaziergang auf Djurgården

Echt gut! Stockholms Schlösser

- Ein zweites Versailles sollte das Schloss im Hagaparken werden, doch die Ermordung Gustavs III. hat das verhindert. Neben dem schlichten **Haga slott,** in dem heute Kronprinzessin Victoria lebt, gibt es noch einen Pavillon im Gustavianischen Stil, den Echotempel, Kupferzelte, eine chinesische Pagode, einen türkischen Kiosk und den Stallmeisterhof. › S. 91
- **Schloss Gripsholm** am Mälarsee mit Zugbrücke und vier mächtigen Türmen ist der Inbegriff der schwedischen Romantik. In Deutschland wurde das rosarote Märchenschloss v.a. durch Kurt Tucholskys Liebesgeschichte »Schloss Gripsholm« bekannt. Unbedingt die Portraitsammlung anschauen! › S. 133
- **Rosendals slott** war das Lustschloss auf Djurgården von König Karl XIV. Johan. Das Innere des Empirebaus ist reich geschmückt mit Möbeln, Teppichen, Textilien und Kunstwerken. › S. 116
- Das mächtige **Kungliga slottet** mit über 600 Räumen gehört zu den größten Schlossbauten in Europa. Die prunkvoll ausgestatteten Innenräume stehen bei den meisten Touristen auf dem Besuchsprogramm. › S. 64
- Das Barockschloss **Drottningholms slott** steht seit 1991 auf der Weltkulturerbeliste der UNESCO. Obwohl hier das schwedische Königspaar wohnt, sind Teile des Schlosses für die Öffentlichkeit zugänglich. Unbedingt sehenswert ist auch das kleine Chinaschloss im Schlosspark und das Theater von Drottningholm. › S. 128

Friedrich Nietzsche zu sehen, den Thiel nicht nur gelesen, sondern auch einige seiner Bücher übersetzt hat. (Blockhusudden, Di–So 12–17, Do bis 20 Uhr, www.thielska-galleriet.se)

Rosendals slott 11

König Karl XIV. Johan (1763 bis 1844) wünschte sich ein Lustschloss, auf dem er sich von seinen anstrengenden Regierungsgeschäften erholen wollte. Mit dem Bau beauftragte er den Architekten Fredrik Blom, der ihm im königlichen Tierpark einen Empirebau entwarf. Das Interieur mit prunkvollen Möbeln, Teppichen, Textilien und Kunstwerken **ist bis heute originalgetreu erhalten.** (Rosendalsvägen 49, das Schloss ist nur im Rahmen von Führungen zu besichtigen: Juni bis Aug. Di–So 11, 13, 14, 15 Uhr, www.kungahuset.se)

Café

Rosendals trädgård ist eine liebevoll gepflegte Gartenanlage in der Nähe des Schlosses. Hier kann man traditionelle Gartenkunst bewundern und Blumenzwiebeln, Gewürze, Kräuter und Gemüse kaufen (www.rosendalstradgard.se). Alles Öko und Bio ist auch das Motto des **Trädgårdscafé** › S. 34. Im Sommer sitzt man im Grünen, wenn es kühler wird, in einem der Gewächshäuser. Kuchen und Brot sind natürlich hausgemacht, das Gemüse stammt aus eigenem Anbau – frischer geht es nicht!

Café in SoFo, dem Trendbezirk auf Södermalm

Södermalm

Nicht verpassen!
- Ein Bier trinken in einer der Traditionskneipen – im Pelikan oder im Kvarnen
- Einen Galeriebummel entlang der Hornsgatspuckeln unternehmen
- Die Aussicht auf Stockholm genießen: entweder in der Fjällgatan, von der Mosebacke Terrassen oder vom Monteliusvägen
- Abends durch das Kneipenviertel SoFo bummeln
- Die Ausstellung im Fotografiska ansehen und anschließend im Museumscafé im obersten Stockwerk die Aussicht genießen

Zur Orientierung

Im 19. Jh. lebten auf der hügeligen Insel Södermalm alle die, die kein Geld hatten: Arbeiter und arme Künstler, aber auch Prostituierte und Kriminelle. Die »anständigen« Stockholmer machten damals einen großen Bogen um diesen Stadtteil. Heute ist Södermalm dagegen in: »Söder«, wie die Stockholmer zu dem Stadtteil sagen, ist zurzeit der angesagteste Bezirk Stockholms. Es ist das Viertel der Künstler, Studenten und Bohemiens, die sich dort wegen der niedrigeren Mieten niedergelassen haben.

In SoFo, »South of Folkungagatan«, also dem Gebiet südlich der Folkungagatan, hat sich das größte Kneipenviertel Stockholms etabliert. Hier haben aber auch hippe Galerien eröffnet, und Künstler stellen ihre neuesten Werke aus. In den Boutiquen kauft man meist nichts von der Stange, wer hier Kunde ist, trägt ein Einzelstück. Zu einer der wichtigsten Einkaufsstraßen der Stadt hat sich in den letzten Jahren die Götgatan entwickelt. Auf ihr geht es zwar eine Spur weniger alternativ zu als in SoFo, dafür ist das Angebot aber noch umfangreicher.

Vom Biergarten der Mosebacke Terrassen genießt man den perfekten Blick über Stockholm und entlang der Hornsgatspuckeln liegen einige der interessantesten Galerien der Stadt. Und für Theaterfreunde ist das Södra Teatern am Mosebacke torg die richtige Adresse.

Wer baden möchte, hat gleich mehrere Strände zur Auswahl. Am schönsten ist der beim Långholmsbadet, wo man im Sommer auf glatten Felsen oder im Sand sonnenbaden kann. Im Winter lädt die kleine – frisch renovierte und sehr schöne – Schwimmhalle dazu ein, seine Runden im Wasser zu drehen.

Södermalm ist darüber hinaus die Heimat eines der populärsten Fußballvereine Schwedens: des Hammarby IF.

Rundtour durch Södermalm

– ❼ – **Katarinahissen › *Stadsmuseum › **Viertel am Mariaberget mit dem Monteliusvägen › Maria Magdalena kyrka › Medborgarplatsen › *Restaurant Kvarnen › **SoFo › Sofia kyrka › Leksaks- & Spårvägsmuseet › *Fjällgatan › **Fotografiska › Katarina kyrkan › *Mosebacke torg › Bellmanhus › *Stadsmuseum**

Dauer: 3–4 Std.
Praktische Hinweise: Anfang- und Endpunkt der Tour ist ❼ Slussen. Der Stadtrundgang lässt sich mit der Stieg-Larsson-Tour › S. 12 kombinieren.

Södermalm][Rundtour durch Södermalm

Katarinahissen [1]

Einige der größten Sehenswürdigkeiten Södermalms liegen in der Nähe von **Slussen**, nur wenige Minuten zu Fuß vom Südende Gamla stans entfernt. Auf dem Katarinahissen, dem stadtbekannten Aufzug aus dem Jahr 1883, hat man im Restaurant Erik's Gondolen › S. 32 in über 30 m Höhe einen guten Blick über die Altstadt. Als der Lift eröffnet wurde, war er eine Sensation und für viele Stockholmer aus den »besseren« Stadtvierteln der einzige Grund, ins verruchte Södermalm zu kommen. Der Aufzug ist derzeit nicht in Betrieb. Zum Restaurant kommt man über die Treppen oder einen Straßenzugang.

In luftiger Höhe befindet sich das stadtbekannte Restaurant Erik's Gondolen auf dem Katarinahissen

*Stadsmuseum [2]

In unmittelbarer Nähe der U-Bahn-Station Slussen befindet sich das Stadtmuseum. Wie so viele Gebäude der Stadt wurde es von Nicodemus Tessin dem Älteren erbaut – sein Sohn war dann für die Renovierung nach dem Brand von 1680 verantwortlich.

Das Museum informiert den Besucher – u. a. anhand von Stadtmodellen – über die Geschichte Stockholms. Der Nachbau zweier winziger Wohnungen zeigt, wie beengt die Lebensverhältnisse im 19. Jh. waren. Doch das Museum beschäftigt sich auch mit der Gegenwart, stellt die einzelnen Stadtteile und ihre Charakteristika vor und zeigt die jüngste Stadtentwicklung: angefangen vom umstrittenen Umbau Zentralstockholms in den sechziger und siebziger Jahren des 20. Jhs., über den Bau der Schlafstädte am Stadtrand bis zu den jüngsten Versuchen, eben diese Entwicklungen wieder rückgängig zu machen und das Zentrum erneut mit Leben zu füllen.

Das Stadtmuseum veranstaltet Spaziergänge auf den Spuren der Krimis von Stieg Larsson und der Popgruppe Abba. Beide Touren kann man auch alleine abgehen – im Museum we
sprechenden Stad
(Ryssgården, Tel.
Di–So 11–17, Do b
stadsmuseum.stoc

**Viertel am Mariaberget

Über die Hornsgatan und davon abzweigend die **Bellmansgatan** erreicht man das Viertel am Mariaberget mit seinen engen Gassen und alten Häusern. Hier wohnen viele Künstler.

An den **Hornsgatspuckeln** – einer kleinen Straße parallel zur Hornsgatan – liegen Seite an Seite

Södermalm][Rundtour durch Södermalm

etwa ein Dutzend Galerien. Lohnend ist der kurze Fußweg den **Monteliusvägen 3** (Abzweig von der Bastugata) entlang, **der zu einem der schönsten Aussichtspunkte der Stadt führt.** Von hier aus hat man einen weiten Blick hinüber nach Kungsholmen mit dem Stadshuset › S. 91 und nach Gamla stan › S. 62.

— ❼ — **Rundtour durch Södermalm**

1 Katarinahissen
2 Stadsmuseum
3 Viertel am Mariaberget/Monteliusvägen
4 Maria Magdalena kyrka
5 Medborgarplatsen
6 Restaurant Kvarnen
7 + **8** SoFo
9 Sofia kyrkan
10 Leksaks- & Spårvägsmuseet

Maria Magdalena kyrka 4

Durch die Brännkyrkagatan, wo im 19. Jh. die Damen des ältesten Gewerbes ihren Geschäften nachgingen, erreicht man die Hornsgatan und jenseits dieser Hauptstraße die Maria-Magdalena-Kirche. Eingeweiht wurde das Gotteshaus zwar schon 1634, sein heutiges Aussehen erhielt es aber erst Ende des 17. bzw. Anfang des 18. Jhs., als Nicodemus Tessin der Ältere und später dessen Sohn große Umbauarbeiten im Barockstil durchführten. (Tgl. 11–17, Mi bis 19.50 Uhr)

Auf dem **Friedhof** der Kirche liegt der in Schweden sehr bekannte Dichter, Volkssänger und Komponist Evert Taube (1890 bis 1976) begraben. Sein Grab findet man rechts neben dem Weg, der zum Kirchenportal führt.

Medborgarplatsen 5

Entlang der **Götgatan** – einer der beliebtesten Einkaufsstraßen von Stockholm –, die Södermalm in Nord-Süd-Richtung durchschneidet, erreicht man den Medborgarplatsen. Er ist der wichtigste Platz und Verkehrsknotenpunkt des Stadtteils. An seiner Südseite liegt die Markthalle **Söderhallarna** mit Lebensmittelständen, Geschäften und Restaurants (unterschiedliche Öffnungszeiten, die meisten Geschäfte haben zwischen 10 und 19 Uhr geöffnet, www.soderhallarna.com).

Musikalteater Göta Lejon

Auf Höhe des Medborgarplatsen liegt in der Götgatan 55 das Musicaltheater Göta Lejon. Früher war das 1928 erbaute Gebäude ein Kino. Noch bis Anfang des 20. Jhs.

11 Fjällgatan
12 Fotografiska
13 Katarina kyrkan
14 Mosebacke torg/Södra Teatern
15 Bellmanhus

befand sich an dieser Stelle das Restaurant Hamburg. Das war deswegen bekannt und berüchtigt, weil in ihm zum Tode verurteilte Gefangene ihren Henkerstrunk einnahmen. Die Gläser, aus denen sie tranken, wurden aufbewahrt und als grausige Sehenswürdigkeit für die Restaurantbesucher ausgestellt. (Tel. 08 50 52 90 00, www.gotalejon.se.)

*Restaurant Kvarnen 6

Vom Medborgarplatsen zweigt die Tjärhovsgatan ab, in Nummer 4 findet man das 1908 eröffnete Traditionslokal Kvarnen. Hier wird schwedische Hausmannskost geboten und für Stockholmer Verhältnisse preisgünstiges Bier. Aus dem alten Arbeiterlokal ist inzwischen ein Treffpunkt für Intellektuelle, Studenten und Künstler geworden, und in den letzten Jahren kommen auch verstärkt Touristen hierher. Grund dafür sind die Kriminalromane von Stieg Larsson. In ihnen spielt das Lokal nämlich eine wichtige Rolle, und Fans aus aller Welt pilgern inzwischen ins Kvarnen, um einmal im selben Lokal zu essen wie Mikael Blomkvist und Lisbeth Salander, die Helden aus Larssons Büchern ❯ S. 12. (Tjärhovsgatan 4, Tel. 08 643 03 80, Mo–Fr 11–3, Sa, So 12–3 Uhr, www.kvarnen.com)

**SoFo

Südlich der **Folkungagatan** (»South of Folkungagatan«, der Name ist eine Anlehnung an den Stadtteil Soho in London) beginnt Södermalms Ausgehbezirk. Hier liegen neben Restaurants und Kneipen auch Geschäfte für Mode, Design, Einrichtung oder Schmuck. **Wer abends durch die Straßen des Viertels streift,** das von der Folkungagatan im Norden 7 bis zum Ringvägen im Süden, und von der Götgatan im Westen bis zum Nytorget 8 im Osten reicht, findet mit Sicherheit ein Lokal nach seinem Geschmack.

Restaurants/Cafés

Neben den vielen Neugründungen in SoFo ragt das **Pelikan** ❯ S. 31 schon allein wegen seines Alters heraus. In dem Lokal tranken die ersten Gäste schon 1904 ihr Bier. Heute bekommt man in rustikaler Atmosphäre schwedische Hausmannskost kredenzt. Ein beliebtes Nachbarschaftscafé ist das **Louie Louie**. Hier trifft sich die Szene des Viertels zum Frühstück und Brunch. **(Bondegatan 13, Tel. 08 640 02 71, Mo–Fr 8–18, Sa, So 10–18 Uhr)**
Das **Nytorget Urban Deli** ist je nach Tageszeit Kaffeehaus, Restaurant, Bar und sogar Lebensmittelgeschäft. Der Spielplatz vor dem Fenster macht es auch zum Anziehungspunkt für viele Eltern – draußen die Kleinen toben lassen und drinnen ganz entspannt einen Milchkaffee trinken.
(Nytorget 4, Tel. 08 59 90 91 80, So–Di 8–23, Mi, Do 8–24, Fr, Sa 8–1 Uhr, www.urbandeli.org)

Weiter geht der Spaziergang vom Nytorget zur Sofiakirche durch das **Holzhausviertel** entlang des Mäster Pers gränd und des Bergsprängargränd. Heute sind die

Södermalm][Rundtour durch Södermalm

Einer der vielen trendigen Modeläden in Södermalm

kleinen roten Holzhäuschen eine Sehenswürdigkeit. Im 19. Jh. lebten hier die Ärmsten der Armen. In einem 12 m² großen Zimmer wohnten beispielsweise vier Erwachsene und zwei Kinder.

Buch-Tipp Das Leben der Armen vom Vita bergen beschrieb auch August Strindberg in seinem Roman »Röda rummet« von 1879 (dt. »Das rote Zimmer«).

Sofia kyrkan 9

Auf einem 46 m hohen Hügel, dem Vita bergen, erhebt sich die 1906 erbaute Sofiakirche über das Häusermeer von Södermalm. Die nach Sofia, der aus Deutschland stammenden Gemahlin von König Oskar II., benannte Kirche wurde nach Plänen des schwedischen Architekten Gustaf Hermansson (1864–1931) im Stil der rheinischen Übergangsromanik errichtet. Damals führte die starke Anlehnung an die aus Deutschland stammende Stilrichtung zu heftiger Kritik an Hermansson.

Da in Södermalm viele Schwule und Lesben leben, finden in der Kirche auch regelmäßig »Regenbogenmessen« statt.

Leksaks- & Spårvägsmuseet 10

Jenseits des Vitabergsparken erreicht man das **Spielzeug**- und **Straßenbahn- und Transportmuseum**. Die beiden Museen liegen unter einem Dach und sind die perfekten Besuchsziele für kleine Stockholmtouristen. Auch wenn die sich nicht unbedingt für die Geschichte des öffentlichen Nahverkehrs in Stockholm interessieren, sind sie bestimmt von der Fahrt mit der Mini-U-Bahn begeistert und auch als Straßenbahnschaffner »arbeiten« sie sicher gerne. Im Spielzeugmuseum sind v. a. die Puppen- und die Modellautoausstellung sehenswert.

Auf einer der schönsten Anhöhen Södermalms liegt die Mosebacke Terrassen mit prachtvoller Aussicht auf die Stadt

Letztere wird auch so manchem Papa gefallen. (Tegelviksgatan 22, Mo–Fr 10–17, Sa, So 11–16 Uhr, www.leksaksmuseet.se, www.sparvagsmuseet.sl.se)

*Fjällgatan 11

Von hier aus genießt man einen ausgezeichneten Blick über Stockholm. Deswegen ist die Straße auch regelmäßig Ziel der Rundfahrtbusse, die hier eine Pause für den Fotostopp einlegen.

In der Fjällgatan 34 liegt das kleine Museum **Stigbergets Borgarrum**, in dem eine original eingerichtete Wohnung aus der Mitte des 19. Jhs. erhalten geblieben ist. (Mitte Jan.–Mai, Sept.–Mitte Dez. So 13–15 Uhr, www.stigbergets borgarrum.se)

Am Ende der Fjällgatan führen die Treppen der **Söderbergs trappor** hinab zum Stadsgårdsleden und damit zum Fotografischen Museum.

**Fotografiska 12

In dem alten Zollgebäude, das zwischen 1906 und 1910 nach Plänen des bekannten schwedischen Architekten Ferdinand Boberg (› S. 81) erbaut wurde, sollte ursprünglich das Abba-Museum einziehen. Doch die Pläne zerschlugen sich und heute wartet das größte Fotografische Museum Nordeuropas auf seine Besucher. Es ist die Plattform für vier große und gut ein Dutzend kleinerer Wechselausstellungen pro Jahr. (Stadsgårdshamnen 22, tgl. 10–21 Uhr, www.fotografiska.eu)

Eine Freude für die Augen bietet aber auch der Besuch des Museumscafés im Obergeschoss. Von hier aus genießt man einen herrlichen Blick auf Gamla stan mit dem Königsschloss › S. 64 und auf Skeppsholmen, vor der das Segelschiff af Chapman › S. 87 vor Anker liegt. (Tel. 08 50 90 05 60, tgl. 10–21 Uhr)

Södermalm][Rundtour durch Södermalm

Katarina kyrkan [13]

Ursprünglich wurde die Kirche Ende des 17. Jhs. nach Plänen von Jean de la Vallée erbaut. Seitdem ist sie zweimal abgebrannt und musste wieder aufgebaut werden: das erste Mal 1723 und dann ein zweites Mal im Mai 1990. Damals zerstörte das Feuer auch das gesamte Inventar. Auf dem Friedhof der Kirche liegt Anna Lindh begraben. Die damalige schwedische Außenministerin war im September 2003 während eines Einkaufsbummels erstochen worden. (Högbergsgatan 13, Mo–Fr 11–17, So, Sa 10–17 Uhr).

Am Mosebacke torg

Der schönste Biergarten der Stadt liegt am Mosebacke torg. In der *Mosebacke Terrassen kann man sein Bier mit einem weiten Blick über die Stadt genießen. Weil August Strindberg ⟩ S. 89 hier auch gern zu Gast war und den Biergarten in seinen Werken literarisch verewigt hat, steht dort eine Strindberg-Statue des berühmten Bildhauers Carl Eldh.

Wer lieber drinnen speist, für den sind das **Mosebacke Etablissement** (hier finden auch Dinnershows statt) oder die Söder Bar (manchmal Bühne für kleine Konzerte) das Richtige. Und nebenan im **Södra Teatern** [14] kann man dann den Abend mit etwas Kultur ausklingen lassen. Da hier neben Theater auch Konzerte jeden Genres stattfinden, lohnt auch für Touristen ohne Schwedischkenntnisse der Blick ins Programm (www.sodrateatern.com)

Bellmanhus [15]

Nur wenige Meter südlich vom Stadtmuseum, im Urvädersgränd 3, liegt das Haus, in dem der Dichter, Sänger, Lebenskünstler und Günstling von König Gustav III., Carl Michael Bellman (1740 bis 1795), in den siebziger Jahren des 18. Jhs. gelebt hat. Bellmans Trinklieder werden in Schweden auch heute noch bei feuchten und fröhlichen Anlässen gesungen, z. B. am Bellmandagen ⟩ S. 110.

Die Stadt von oben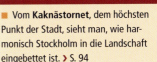

- Vom **Kaknästornet**, dem höchsten Punkt der Stadt, sieht man, wie harmonisch Stockholm in die Landschaft eingebettet ist. ⟩ S. 94
- An den drei goldenen Kronen des Staatswappens ist der Turm des **Stadshuset** leicht zu erkennen. Vor allem der Blick auf Gamla stan ist beeindruckend. ⟩ S. 93
- Seit Kurzem fährt ein gläserner Aufzug bis hinauf zum höchsten Punkt des **Globen**. Während der zehnminütigen Fahrt mit dem »Skyview« sieht man Stockholm einmal von einer Außenperspektive. Im Gegensatz zu den meisten andern Aussichtspunkten liegt der Globen nämlich am Stadtrand. ⟩ S. 129
- Hoch oben vom Felsen in Södermalm blickt man vom **Monteliusvägen** hinüber nach Kungsholmen mit dem Stadshuset und nach Gamla stan. ⟩ S. 120
- Von der **Mosebacke Terrassen**, dem schönsten Biergarten der Stadt, schaut man hinab auf das Zentrum. ⟩ S. 124

Ausflüge

- Naturhistoriska riksmuseet & Cosmonova
- Millesgården
- Drottningholms slott
- Globen/Ericsson Globe
- Skogskyrkogården
- Vaxholm
- Fjäderholmarna
- Birka
- Mariefred – Schloss Gripsholm
- Sigtuna
- Uppsala

Ausflüge][Millesgården

*Naturhistoriska riksmuseet & Cosmonova ￼

Dauer: ½ Tag
Praktische Hinweise: Zu Museum und Kino fährt man am besten mit der U-Bahn (orange Linie 14) bis zur Station ￼ Universitetet. Vom Zentrum aus dauert die Fahrt ca. 10 Min. Öffnungszeiten: Di–Fr 10–18, Sa, So 11–18 Uhr.
Adresse: Frescativägen 40, Norra Norra Djurgården, www.nrm.se

Museum und Kino befinden sich mit der Universität in der Wissenschaftsstadt. Allein schon der imposante, 1916 fertiggestellte Museumsbau mit Turm und Kuppel beeindruckt außen wie innen. Vor dem Gebäude erinnert das Vega-Monument, ein schwarzer Granitblock, gekrönt von dem kupfernen Expeditionsschiff Vega, an die erste Befahrung der Nordostpassage 1878–1880.

Nach der Modernisierung in den 1990er-Jahren vermitteln die Ausstellungen im **Naturhistorischen Nationalmuseum** Wissen v. a. durch Erleben. Die Dauerausstellungen zeigen die Evolution des Lebens auf der Erde von den Dinosauriern bis zur Gegenwart, das Leben im Wasser und in den Pol-Regionen. Sie befassen sich aber auch mit ganz aktuellen Themen wie dem Klimawandel. Exzellente Präparate, vom Dinosaurierskelett bis zum lebensecht wirkenden Urzeitmenschen, machen das Museum zum Erlebnis.

Im **Cosmonova** kann man IMAX-Filme auf einer riesigen, kuppelförmigen Leinwand, neuerdings auch digital in 3D, anschauen. Der Filmsaal ist zugleich Schwedens größtes Planetarium.

**Millesgården ￼

Dauer: 2–3 Std.
Praktische Hinweise: Anfahrt mit der U-Bahn der orangen Linie 13 zur Endhaltestelle ￼ Ropsten, dann weiter mit dem Bus 201, 202, 204, 205 oder 206 bis Torsviks torg. Oder von der U-Bahn-Station ca. 1 km zu Fuß. Öffnungszeiten: Mai–Sept. tgl. 11–17, sonst Di–So 11–17 Uhr.
Adresse: Herserudsvägen 32, Lidingö, www.millesgarden.se

Hoch über dem Meeresarm Lilla Värtan, auf der Insel Lidingö, liegen das ehemalige Wohngebäude (heute Museum) und der Park des berühmten schwedischen Bildhauers Carl Milles (1875–1955). In dem terrassenartig angelegten Gelände sind vom Künstler gefertigte Skulpturen (teilweise als Kopien) zu sehen. Als Milles 1955 starb, wurde er in der Kapelle, die im Park liegt, begraben.

Seit 1999 befindet sich auch eine Kunsthalle auf dem Gelände.

Schloss Gripsholm bei Mariefred

»Das Schloss der Königin« ist innen wie außen eine barocke Kostbarkeit

In ihr sind wechselnde Ausstellungen schwedischer und internationaler Künstler zu sehen.

12 ***Drottningholms slott ❸

Dauer: ½–1 Tag
Praktische Hinweise: Im Sommer erreicht man das Schloss mit dem Schiff von der Anlegestelle am Stadshuset (Infos unter www.stromma.se). Ganzjährig verkehrt die U-Bahn (grüne Linie in Richtung Hässelby Strand bzw. Åkeshov bis zur Station ❶ Brommaplan), von dort geht es weiter mit dem Bus (176/177 oder 301 bis 323). Öffnungszeiten: Nov.–März Sa, So 12–15.30, April, Okt. Fr, Sa, So 12–15.30, Sept. tgl. 11–15.30, Mai–Aug. tgl. 10–16.30 Uhr.

Drottningholm ist das Paradebeispiel eines Prunkschlosses im Barockstil. Als erstes schwedisches Bauwerk wurde es 1991 in die Liste des UNESCO-Weltkulturerbes aufgenommen – nicht zu Unrecht wird die Schlossanlage als das »Versailles des Nordens« gefeiert.

Bereits im 16. Jh. stand auf der Insel Lovön vor den Toren der Stadt ein Schloss mit demselben Namen. Das war allerdings wesentlich kleiner als das heutige Drottningholm. Nachdem ein Feuer das Vorgängerschloss zerstört hatte, erhielt Nicodemus Tessin der Ältere 1662 den Auftrag zum Neubau. Er selbst erlebte die Fertigstellung des von ihm geplanten Gebäudes aber nicht mehr. Nach seinem Tod 1681 setzte sein Sohn das Werk fort, im Jahr 1701 konnte Einweihung gefeiert werden. Seit 1981 wohnt die königliche Familie im Südflügel von Drottningholm.

Die Inneneinrichtung der für die Besucher zugänglichen Räume stammt aus dem 17. Jh., der Zeit des Barock. Besonders sehenswert sind der **Ehrenstrahl-Raum,** in dem man Gemälde von

Ausflüge][Globen/Ericsson Globe

David Klöcker Ehrenstrahl, dem bedeutendsten schwedischen Maler des Barock, sehen kann, und das **Schlafzimmer** der ursprünglich aus Deutschland stammenden Königin Hedvig Eleonora (1636 bis 1715).

Das kleine Kina slott (Chinaschloss) im Südteil des weitläufigen Parks war ein Geburtstagsgeschenk für Lovisa Ulrika von Preußen, der Gemahlin König Adolf Frederiks (1710–1771).

Das 1766 errichtete **Drottningholms slottsteater,** das einzigartige Rokokotheater des Schlosses, verfügt noch heute über die Originalbühnenmaschinerie aus den Gründertagen. Auch an der Innendekoration wurde nichts verändert. In den Monaten Mai bis August findet zwischen 11 und 16.30 Uhr (im September zwischen 12 und 15.30 Uhr) jede halbe Stunde eine Führung durch dieses einzigartige Theater statt.

*Globen/ Ericsson Globe 4

Dauer: 1–2 Std.
Praktische Hinweise: Anfahrt mit der grünen U-Bahn-Linie Richtung Hagsätra bis zur Station ➊ Globen. Skyview: März–Mitte Juni, Mitte Aug. bis Ende Sept. Mo–Fr 9‑19, Sa, So 9.30–18, Mitte Juni–Mitte Aug. tgl. 9–21 Uhr, Okt Mo–Fr 9–18, So 9.30–17, Nov.–Feb. Mo–Fr 9–18, Sa, So 9.30–16 Uhr. In der Sommersaison kann es am Einlass zu Wartezeiten kommen. Die Besichtigung der Arena außerhalb von Veranstaltungen ist nur im Rahmen von Führungen in Kombination mit Skyview möglich.
Adresse: Globentorget, Johanneshov, www.globearenas.se

Die Mehrzweckhalle, die 16 000 Zuschauern Platz bietet, wurde anlässlich der Eishockeyweltmeisterschaft 1989 erbaut. Seitdem finden im Globen v. a. Eishockeyspiele der ersten schwedischen Liga sowie Konzerte statt. Die 85 m hohe weiße, weithin sichtbare Kuppel hat dem Gebäude den Spitznamen »hartgekochtes Ei« eingebracht. Mit einem Durchmesser von 110 m ist es das größte kugelförmige Bauwerk der Welt.

Die jüngste Attraktion am Globen ist der **Skyview:** An der Außenhaut des Globen entlang **fährt ein gläserner Aufzug bis hinauf zum höchsten Punkt** des Gebäudes. Die Fahrt dauert rund 10 Min.

Der Globen: offiziell Ericsson Globe

Ausflüge][Globen/Ericsson Globe

Seit Februar 2009 heißt der Globen offiziell Ericsson Globe. Der schwedische Telekommunikationsanbieter hatte damals die Namensrechte für die Arena erworben.

**Skogskyrkogården 5

Dauer: 1–2 Std.
Praktische Hinweise: Das Besucherzentrum ist Juni–Aug. tgl.11–16, sowie Mai und Sept. So 11–16 Uhr geöffnet (Tel. 08 50 83 17 30, www.skogskyr kogarden.se). Den Friedhof kann man ganzjährig rund um die Uhr besuchen. Anfahrt mit der grünen U-Bahn-Linie Richtung Farsta Strand bis zur Station ❶ Skogskyrkogården.

Der 102 ha große und rund 100 000 Gräber umfassende Waldfriedhof in Stockholm **zählt zu den wichtigsten Werken moderner Landschaftsarchitektur** und gilt als einer der schönsten Friedhöfe weltweit. Seit 1994 befindet er sich auf der Weltkulturerbeliste der UNESCO. Er ist als Ergebnis eines Architektenwettbewerbs im Jahr 1914 entstanden; den Wettbewerb gewannen damals die beiden jungen Architekten Gunnar Asplund (1885–1940) und Sigurd Lewerentz (1885–1975). Im Laufe von mehr als 40 Jahren schufen sie Schwedens größten Friedhof.

Besonders sehenswert auf dem Friedhofsgelände sind der **Ulmenhügel,** der den Trauernden zur Meditation dienen soll, das von Asplund 1939 entworfene riesige **Granitkreuz,** das weniger Glaubenssymbol als vielmehr Zeichen für den ewigen Kreislauf des Lebens sein soll, sowie das im Stil des Funktionalismus entworfene **Krematorium** mit seinen drei 1940 fertiggestellten Kapellen.

*Vaxholm 6

Dauer: 1 Tag
Praktische Hinweise: Die Schärendampfer von Waxholmsbolaget › S. 21 liegen am Strömkajen. Im Touristenbüro Visit Skärgården am Strandvägen › S. 100 erfährt man die genauen Abfahrtszeiten, kann Tickets kaufen und Übernachtungen buchen (im Sommer Mo–Do 8–16.45, Fr 8–18, Sa, So 8–15 Uhr, www. visit skargarden.se). Die Fahrt dauert ca. 1 Std. Das Touristenbüro auf Vaxholm ist im Rathaus.

Mitte des 19. Jhs. entdeckten die ersten wohlhabenden Stockholmer den Charme der Schären und bauten sich auf den Inseln kleine Sommerhäuschen. Eines der beliebtesten Ziele – auch für Tagesausflügler – ist Vaxholm auf der Insel Vaxö, das bequem in rund einer Stunde vom Zentrum zu erreichen ist.

Schon vom Schiff aus ist das trutzige **Kastell** zu sehen, das Mitte des 19. Jhs. errichtet wurde. Das Museum im Kastell erzählt v. a. die militärische Geschichte

Ausflüge][Vaxholm

der Insel (Juli, Aug. tgl. 11–17 Uhr). Beim Bummel durch die Kleinstadt sieht man noch viele **Holzvillen** in Pastelltönen aus der Zeit der vorigen Jahrhundertwende, wegen der vielen Touristen gibt es natürlich auch genügend Restaurants, Cafés und Geschäfte.

Einen Besuch wert ist das Restaurant im altehrwürdigen Waxholms Hotel mit schöner Aussicht über den Hafen und die Festung. (Hamngatan 2, www.waxholms hotell.se, Mo-Fr 11.30–21, Sa 12 bis 21, So 12–18 Uhr, ●●) Etwas versteckt in der Trädgårdsgatan 19, aber auch mit Blick aufs Wasser, liegt das Hembygdsgårds Café, ein guter Platz für frische Waffeln und eine Tasse Kaffee.

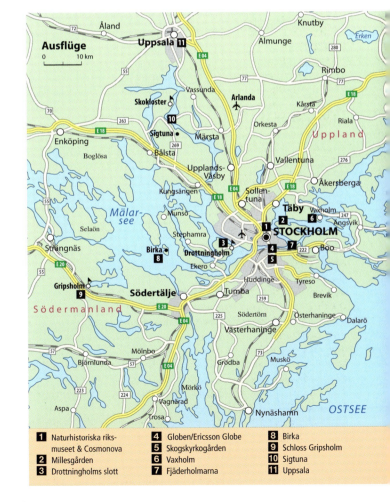

1 Naturhistoriska riksmuseet & Cosmonova
2 Millesgården
3 Drottningholms slott
4 Globen/Ericsson Globe
5 Skogskyrkogården
6 Vaxholm
7 Fjäderholmarna
8 Birka
9 Schloss Gripsholm
10 Sigtuna
11 Uppsala

Besonders beliebt sind die Feste in Vaxholm. Am Tag der Schärenboote *(Skärgårdbåtens dag)* Anfang Juni gibt es eine Parade der Schärendampfer mit Musik und Tanz, am längsten Tag des Jahres wird ein traditionelles Mittsommerfest gefeiert und Mitte August ist Schärenmarkt *(Skärgårdsmarknad)*.

*Fjäderholmarna 7

Dauer: ½ Tag
Praktische Hinweise: Fjäderholmslinjen fährt von Mai bis August stündlich ab Slussen (www.fjaderholmslinjen.se). Strömma Kanalbolaget › S. 21 startet mehrmals tgl. vom Nybrokajen (Kajplats 12) auf Blasieholmen.

Wer nur wenig Zeit hat, bekommt mit der Fahrt zu den Fjäderholmarna schon einen kleinen Eindruck **von der Schönheit des Stockholmer Schärengartens.** Nur knapp 30 Min. dauert die Fahrt vom Stockholmer Zentrum zur nächstgelegenen Schäreninsel – die Häuser der Außenbezirke sind zwar noch zu sehen und doch ist man hier schon ganz weit weg vom Treiben der Hauptstadt.

Auf der Hauptinsel **Stora Fjäderholmen** liegt alles dicht beieinander und ist bequem zu Fuß zu erreichen. Ende des 19. Jhs. war die Insel Umschlagplatz der Spirituosenschmuggler, heute besitzt Mackmyra, der einzige Whiskyhersteller Schwedens, ganz legal ein Lager auf der Insel. Nach den Spirituosenschmugglern ließ sich das Militär auf den Fjäderholmerna nieder. Mittlerweile ist auch das schon wieder Geschichte und die Tagesausflügler beherrschen das Inselbild. Für sie gibt es drei Restaurants und einige Kunsthandwerker, die sich in den ehemaligen Militärbaracken eingerichtet haben und Glas- und Schmiedearbeiten, Holzskulpturen sowie Töpferware anbieten.

Im Fjäderholmarnas Krog werden typisch schwedische Gerichte aufgetischt (Mai–Sept. Mo–Sa 12 bis 24, So 12–22 Uhr, www.fjaderholmarnaskrog.se, ●●), in der Rökeriet sind frischer Fisch und Meeresfrüchte Trumpf (Mai–Sept. tgl. 12–22 Uhr, www.rokeriet.nu, ●●) und die Röda Villan ist das Richtige für eine Kaffeepause (Mai 11–18, Juni–Sept. 11–22 Uhr, www.rodavillan.nu). Allen gemeinsam ist die Lage am Wasser mit Blick auf die Einfahrt nach Stockholm.

**Birka 8

Dauer: 1 Tag
Praktische Hinweise: Birka auf der kleinen Insel Björkö im Mälarsee ist von Mai bis Mitte Sept. mit dem Rundfahrtboot von Strömma Kanalbolaget › S. 21 ab Stadshuset erreichbar.

Birka war zwischen dem 8. und 10. Jh. die wichtigste Handelsstadt der Wikinger. Aus dieser Zeit sind

Ausflüge][Mariefred – Schloss Gripsholm

zwar nur wenige Überreste erhalten, doch ein Museum dokumentiert die Forschungsergebnisse. Vom Museum ausgehend finden mehrmals täglich Führungen in verschiedenen Sprachen statt, Teile der untergegangenen Stadt wurden aber auch wiederaufgebaut. Hier können Besucher einen kleinen ==Einblick in die Lebensweise der Wikinger gewinnen.== Seit 1993 steht Birka auf der Liste des UNESCO-Weltkulturerbes.

Mariefred – Schloss Gripsholm

Rekonstruktion eines Wikingerschiffs am Ufer von Birka im Mälarsee

Dauer: 1 Tag
Praktische Hinweise: Die schönste Anfahrt von Stockholm nach Mariefred ist mit dem Veteranendampfer, der seit 1903 auf derselben Route verkehrt (im Sommer tgl. außer Mo, Dauer 3,5 Std., ab Stadshusbron 10 Uhr, ab Mariefred 16.30 Uhr, www.mariefred.info). Alternativ kann man vom Stockholmer Hauptbahnhof den Zug in Richtung Eskilstuna bis Läggesta nehmen (ca. 30 Min.), die restlichen 4 km fährt man entweder mit dem Bus oder tuckert gemütlich mit der über 100 Jahre alten Schmalspurbahn (www.oslj.nu). Neben den Portraits im Schloss ist auch das Theater von 1781 sehenswert. Öffnungszeiten: Mitte Mai–Mitte Sept. tgl. 10 bis 16, sonst Sa, So 12–15 Uhr, www.kungahuset.se.

Schon wegen der Lage am Mälarsee und der Holzhausidylle aus dem 17. Jh. lohnt ein Besuch des Städtchens Mariefred. Doch seine eigentliche Attraktion ist ==Schloss Gripsholm, Inbegriff der schwedischen Romantik.== Bo Jonsson Grip hatte um 1380 mit dem Bau begonnen, Gustav Wasa und Gustav III. vollendeten dann das rosarote Schloss am Wasser. Um den sechseckigen Innenhof, den man über eine Zugbrücke betritt, gruppieren sich vier mächtige Türme: Gripturm, Wasaturm, Theaterturm und Gefängnisturm. Durch einen mit Holzschnitzereien verzierten Eingang gelangt man in das Innere des Schlosses.

Schloss Gripsholm beherbergt eine einzigartige Portraitsammlung: In den Gängen und Sälen des Schlosses hängen rund 2000 Bildnisse, die ein **»Who's who« der schwedischen Geschichte abbilden.** Längst in Vergessenheit geratene Könige und Adelige, in dunklem Öl verewigt, blicken starr auf die Besucher, doch auch Persönlichkeiten der jüngeren Geschichte wie Ingrid Bergman, Bergman, Astrid Lind- ag Hammerskjöld, Selma oder August Strindberg in die Galerie der Un- en aufgenommen.

*Sigtuna 10

Dauer: mind. ½ Tag, mit Skokloster 1 Tag
Praktische Hinweise: Im Sommer fahren von Mi–So Ausflugsboote der Strömma Kanalbolaget › S. 21 vom Stockholmer Stadshuskajen nach Sigtuna und Skokloster. Die Weiterfahrt nach **Skokloster** ist durchaus lohnend, denn das weiße, vierflügelige Barockschloss ist der größte privat erbaute Palast Schwedens. Öffnungszeiten: Mitte Juni–Ende Aug. tgl. 11–17, sonst Sa, So 12–16 Uhr, www.skoklostersslott.se.

Schneller gelangt man nach Sigtuna mit dem Arlanda Express › S. 20 bis zum Flughafen (ca. 20 Min.) und dann weiter mit dem Bus. Etwas günstiger ist die Fahrt zum Flughafen mit den Flybusserna vom Stockholmer Hauptbahnhof (www.flygbussarna.se). Tourismusbüro in Sigtuna: Stora gatan 33, www.sigtunaturism.se.

Sigtuna ist eine der ältesten Städte Schwedens und liegt an einem Seitenarm des Mälarsees. Vor über 1000 Jahren, lange vor Stockholm, gründete König Erik Segersäll Sigtuna. Rund 100 Jahre später, als das benachbarte Uppsala noch heidnisch war, wurde die Stadt Bischofssitz. Doch mit dem Aufstieg Uppsalas und Stock-

Eine kleine Sommergeschichte

Mit »Schloss Gripsholm« setzte der in Berlin geborene Journalist, Kritiker und Schriftsteller Kurt Tucholsky (1890–1935) dem Schloss ein literarisches Denkmal und machte das Wahrzeichen Mariefreds in Deutschland bekannt. In der 1931 erschienenen »Sommergeschichte« über ein unkonventionelles Liebespaar schwärmt der Erzähler: »Ich weiß nichts vom Stil dieses Schlosses – ich weiß nur: wenn ich mir eins baute, so eins baute ich mir«.

Tucholsky, dessen Bücher und Schriften ab 1933 in Deutschland verboten waren, starb im Dezember 1935 im schwedischen Exil im Badeort Hindås in der Nähe von Göteborg an einer Überdosis Schlaftabletten. Sein Grab auf dem Friedhof in der Nähe von Schloss Gripsholm ziert das Zitat aus Goethes Faust: »Alles Vergängliche ist nur ein Gleichnis.«

holms verlor sie im ausgehenden Mittelalter an Bedeutung.

Heute ist Sigtuna eine idyllische Kleinstadt mit gewundenen Straßenzügen und malerischen Holzhäusern aus dem 18. und 19. Jh. Als beliebtes Ausflugsziel im Sommer wird das historische Zentrum von Tagesausflüglern aber manchmal regelrecht überschwemmt. Die meisten Besucher bummeln durch die autofreie Hauptstraße Stora gatan und schauen sich die alten Häuser, Galerien und Geschäfte an. Sehenswert sind das **kleinste Rathaus Schwedens** aus dem 18. Jh. und die **Mariakirche** aus der Mitte des 13. Jh., die früher den Dominikanern als Klosterkirche diente.

Im kleinen **Sigtuna Museum** sind Funde aus dem Mittelalter und der Wikingerzeit zu sehen (tgl. 12–16 Uhr, Sept.–Mai Mo geschl., www.sigtunamuseer.se).

Uppsala 11

Dauer: 1 Tag
Praktische Hinweise: Uppsala ist vom Stockholmer Hauptbahnhof in 30 Min. mit dem Zug zu erreichen.

Mit gut 140 000 Einwohnern ist Uppsala die viertgrößte Stadt Schwedens. Erstmals besiedelt wurde das Gebiet vermutlich im 11. Jh., als man hier eine Stadt mit dem Namen »Aros« gründete. Sie war notwendig geworden, weil der Hafen des weiter nördlich gelegenen Uppsala (heute Gamla Uppsala) durch Landhebung un-

Der gotische Dom von Uppsala

zugänglich geworden war. Wegen seiner günstigen Lage gewann der neue Handelsplatz schnell an Bedeutung und übernahm schließlich auch den Namen Uppsala. Der Ort wurde 1273 Bischofssitz. Einen weiteren Aufschwung erlebte die Stadt, als sie 1477 – als erste in Nordeuropa – eine Universität bekam. Sie ist auch heute noch Uppsalas Lebensader.

Der **Dom**, zwischen 1270 und 1435 im Stil der Gotik erbaut, **gehört zu den eindrucksvollsten Gotteshäusern in Nordeuropa.** 1702 fiel das Bauwerk einem Großfeuer zum Opfer und wurde zunächst nur notdürftig repariert. Erst 1741–1747 führte man ausführliche Restaurierungsarbeiten

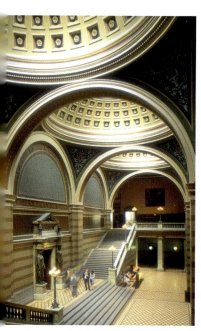
Eingangsbereich der Universität

durch. Bei dieser Gelegenheit erhielt der Dom seine beiden Türme, die heute ein Erkennungszeichen sind. Besonders sehenswert ist das dem norwegischen Nationalheiligen König Olaf (995 bis 1030) geweihte **Nordportal** (das nicht der Haupteingang ist!).

Zwischen 1440 und 1719 wurden im Dom die schwedischen Könige gekrönt, einige von ihnen fanden hier auch ihre letzte Ruhestätte. Gustav Wasa (1496–1560) und König Johann III. (1532 bis 1597) mit seiner Gemahlin Katarina sind hier beigesetzt, aber auch der berühmte Naturforscher Carl von Linné (1707–1778).

In der **Finsta-Kapelle** befindet sich der St. Eriksschrein mit den Reliquien des schwedischen Nationalheiligen, der am 18. Mai 1060 in Uppsala unter mysteriösen Umständen von dem dänischen Fürsten Magnus Henriksson ermordet wurde. Ob in dem Schrein tatsächlich sterbliche Überreste von Erik liegen, ist höchst umstritten, mehr noch – viele Wissenschaftler bestreiten, dass Erik je gelebt hat. (Tgl. 8–18 Uhr, www.uppsaladomkyrka.se)

Gegenüber dem Hauptportal des Doms befindet sich das 1625 erbaute und zur Universität gehörende **Gustavianum**. Besonders sehenswert ist dort das **Anatomische Theater,** in dem die Studenten einst in steilen Stehrängen standen und ihre Professoren beim Sezieren von Leichen beobachteten. (Di–So 11–16 Uhr)

Hinter dem Gustavianum erhebt sich das Hauptgebäude der **Universität**. Es wurde in den 1880er-Jahren im Stil der Neurenaissance errichtet. Im Kanzlersaal befindet sich ==der prachtvolle Augsburger Kunstschrank,== ein Geschenk der süddeutschen Stadt an König Gustav II. Adolf.

Wenige Schritte vom Dom entfernt liegt **Trefaldighets kyrka,** die Dreifaltigkeitskirche von 1302. Sehenswert ist hier die Wandmalerei von Albertus Pictor (um 1440 bis 1509) »Das Treffen von Maria und Elisabeth«. Der in Hessen geborene Pictor gehörte zu den wichtigsten Malern des schwedischen Mittelalters. (Tgl. 9–18 Uhr)

In unmittelbarer Nachbarschaft erreicht man die **Universitätsbibliothek Carolina Rediviva**.

Hier wird die berühmte Silberbibel, der **Codex Argenteus** aus dem 6. Jh., aufbewahrt, die im norditalienischen Ravenna gefertigt wurde. Sie ist ihrerseits die Abschrift einer Bibelübersetzung, die Bischof Wulfila im 4. Jh. aus dem Griechischen ins Westgotische vorgenommen hatte. Eine weitere Kostbarkeit der Bibliothek ist eines der Originalmanuskripte der Edda, der **Codex Upsaliensis**, das im 13. Jh. vom isländischen Geschichtsschreiber Snorri Sturluson verfasst wurde. (Juni–Aug. Mo bis Do 9–18.30, Fr 9–17.30, Sa 10–17, So 12–17 Uhr, www.ub.uu.se)

Neben der Universitätsbibliothek liegt der auf Geheiß von König Gustav III. angelegte **Botanische Garten** (Mai–Sept. 7–21, sonst bis 19 Uhr). Davor erhebt sich auf einem Hügel das **Schloss**. Auf Befehl Gustav Wasas erbaute man hier 1549 eine Verteidigungsanlage, die später von Erik XVI. und Johann III. erweitert und verändert wurde. Ebenso wie der Dom wurde auch das Schloss bei der Brandkatastrophe von 1702 stark beschädigt. Erst 1743 begann man unter der Leitung des Baumeisters Carl Hårleman mit dem Wiederaufbau. Teile des Schlosses können besichtigt werden (www.vasaborgen.se).

Das **Celsiushaus** in der Svartbäcksgatan 7–11, das nur von außen besichtigt werden kann, ließ der berühmte Astronom und »Erfinder der Temperatur« Anders Celsius (1701–1744) erbauen.

In derselben Straße Nr. 27 liegen der **Linneträdgården** und ihm angeschlossen das **Linnémuseum**. Der von Carl von Linné gepflegte Universitätsgarten und sein Wohnhaus – in ihm ist das Museum untergebracht – sind der Öffentlichkeit zugänglich (Mai bis Sept. Di–So 11–17 Uhr).

Fünf Kilometer nördlich der Stadt kommt man in unmittelbarer Nähe der Hauptstraße E 4 zu den drei **Königshügeln von Gamla Uppsala**. Laut Mythologie sollen hier die Könige der Ynglinger, dem ältesten Königsgeschlecht Schwedens, begraben sein. Einen Beweis dafür gibt es aber nicht. Sicher jedoch stammen die 7–11 m hohen Hügel aus der Zeit zwischen 475 und 550. Im **Gamla Uppsala Museum** am Rande der Grabstätte erfährt man mehr über die Frühgeschichte Schwedens. (Disavägen, Tel. 018 23 93 00, Mai–Aug. tgl. 10–16, April, Sept. bis Okt. Mo, Mi, Sa, So 12–16 Uhr, www.raa.se/gamlauppsala).

Info

Turistinformation
Fyristorg 8][Uppsala
Tel. **018 727 48 00**
www.destinationuppsala.se
Mo–Fr 10–18, Sa 10–15, Juli, Aug. auch So 11–15 Uhr

Restaurant

Domtrappkällaren
St. Eriks gränd 15
Tel. **018 13 09 55**
www.domtrappkallaren.se
Mo–Fr 11–22 , Sa 17–22 Uhr
Schwedische Küche in historischem Ambiente. Das Haus war einst Teil der Verteidigungsmauern um die Stadt.

Infos von A–Z

Ärztliche Versorgung

Deutsche und Österreicher, die gesetzlich versichert sind, haben Anspruch auf Notfallbehandlung bei Ärzten, Zahnärzten und in Krankenhäusern. Als Nachweis ist die europäische Krankenversicherungskarte bzw. Ersatzbescheinigung vorzulegen (wird von der Krankenkasse ausgestellt); nur die Praxisgebühr (ca. 15–40 €) muss dann in bar bezahlt werden. Für Privatversicherte werden die Behandlungskosten sofort fällig, sie müssen diese dann zu Hause bei ihrer Krankenkasse einreichen. Weitere Infos unter www.dvka.de. Schweizer sollten sich vorab bei ihrer Krankenversicherung erkundigen. Empfehlenswert ist der Abschluss einer Auslandskrankenversicherung.

Apotheken sind zu normalen Geschäftszeiten geöffnet.
- Ärztliche Notfallversorgung bei **CityAkuten**, Apelsdersggatan 48 (T Hötorget), Tel. 08 412 29 60, www.cityakuten.se.
- Die **Apoteket C W Scheele** in der Klarabergsgatan 64 (T Centralen) hat 24 Std. geöffnet.

Behinderte

Schweden ist in vielerlei Hinsicht vorbildlich, was die Ausstattung öffentlicher Gebäude für Menschen mit Behinderung angeht. Dies trifft auch für viele Hotels, Restaurants und den öffentlichen Nahverkehr zu. Anfragen beantwortet **De Handikappades Riksförbund** (Tel. 08 685 80 00, info@dhr.se).

Diplomatische Vertretungen
- **Deutschland**
Skarpögatan 9 (T Karlaplan oder Bus 69), Tel. 08 670 15 00
www.stockholm.diplo.de
- **Österreich**
Kommandörsgatan 35/V (T Karlaplan)
Tel. 08 665 17 70
www.bmeia.gv.at/stockholm
- **Schweiz**
Valhallavägen 64 (T Tekniska)
Högskolan, Tel. 08 676 79 00
www.eda.admin.ch/stockholm

Einreise

Schweden ist EU-Mitglied, deshalb entfallen für Deutsche und Österreicher Passkontrollen. Trotzdem sind Personalausweis oder Reisepass v. a. bei Flugreisen mitzuführen. Schweizer benötigen einen Pass oder eine Identitätskarte.

Feiertage
- 1. Januar – Neujahr
- 6. Januar – Heilige Drei Könige
- Karfreitag und Ostermontag
- 1. Mai – Tag der Arbeit
- Christi Himmelfahrt
- 6. Juni – Nationalfeiertag
- Wochenende zwischen dem 19. und 25. Juni – Mittsommer
- 1. Samstag im November – Allerheiligen
- 24.–26. Dezember – Heiligabend, 1. und 2. Weihnachtsfeiertag
- 31.12. – Silvester

Die **Sommerferien** beginnen in Schweden Anfang/Mitte Juni und enden Mitte/Ende August. Die meisten Betriebe sind den Juli über geschlossen, ganz Stockholm verschwindet aufs Land.

Fundbüros
- **SL Fundbüro (für Bus und Bahn)**
Klar Östra kyrkogata 6 (T Centralen)
Tel. 08 600 10 00
- **City Police of Stockholm**
Bergsgatan 39 (T Rådhuset)
Tel. 08 401 07 88

Infos von A–Z

Geld
Schwedens Währung ist die Schwedische Krone (SEK). Es gibt Scheine zu 20, 50, 100, 500 und 1000 SEK, Münzen zu 1, 2, 5 und 10 SEK. An Bankautomaten kann man mit Visa, MasterCard, Maestro- oder Cirrus-Karte plus PIN Bargeld ziehen. Fast alle Geschäfte und Restaurants nehmen Kredit- und Maestro-Karten auch bei kleineren Beträgen an.

Wechselkurs (Stand 05.04.2012): 1 € = 8,81 SEK; 1 CHF = 7,33 SEK, 10 SEK = 1,13 €/1,36 CHF

Haustiere
Hunde und Katzen müssen einen Chip tragen. Tiere, die vor dem 3.7.2011 mit einer lesbaren Tätowierung versehen worden sind, brauchen nicht mit einem Chip gekennzeichnet zu sein. Die Tiere sind gegen Tollwut zu impfen. Es wird der EU-Heimtierpass verlangt. Alle erforderlichen Dokumente müssen beim Zoll vorgelegt werden. Weitere Infos unter www.sjv.se.

Information
■ **Stockholm Tourist Center**
Vasagatan 14 (🛈 Centralen)
Tel. 08 50 82 85 08
www.visitstockholm.com
■ **Arlanda Visitor Center am Flughafen**
Terminal 5, Tel. 08 797 60 00

Internet
Fast alle Hotels bieten meist kostenlosen Internetzugang über hoteleigene Computer oder WLAN-Verbindung in der Lobby und auf den Zimmern. Auch in vielen Cafés kann man mit dem eigenen Laptop surfen. Internetcafés gibt es deshalb nur noch wenige.

Medien
Die vier großen in Stockholm erscheinenden Tageszeitungen sind die sozialdemokratische Abendzeitung »Aftonbladet«, die unabhängige »Dagens Nyheter«, die liberale Abendzeitung »Expressen« und das konservative »Svenska Dagbladet«. Kostenlos werden »Metro« und »City« in der U-Bahn verteilt und sind an zentralen Orten in Zeitungsspendern zu finden.

Viele Hotels haben über Kabel oder Satellit auch deutsches Fernsehen im TV-Angebot. Im schwedischen Fernsehen werden ausländische Sendungen mit Untertiteln gesendet.

Netzspannung
220 Volt Wechselstrom; Adapter sind nicht nötig.

Notrufnummern
■ **Notruf für Polizei, Krankenwagen und Feuerwehr:** 112
■ **Pannenhilfe Assistancekåren:**
020-912 912 (innerhalb Schwedens)

Öffnungszeiten
Geschäfte sind im Allgemeinen wochentags von 9–18 und samstags bis 14 oder 16 Uhr geöffnet. In Warenhäusern kann man teilweise bis 20 oder 22 Uhr einkaufen, sonntags außerdem von 12–16 Uhr. Viele Lebensmittelgeschäfte haben erweiterte Öffnungszeiten.

Post
Postämter sind je nach Stadtbezirk Mo–Fr 7/9–18/19 und Sa 9/10–13 Uhr geöffnet, die Post im Hauptbahnhof

Urlaubskasse	
Tasse Kaffee	3 €
Softdrink	2,80 €
Glas Bier/Glas Wein	5,50/7 €
typischer Snack	4 €
Kugel Eis	1,20 €
Taxifahrt (ca. 10 km)	15 €
Mietwagen/Tag	ab 65 €

Mo–Fr 7–22 und Sa/So 9.30–18 Uhr. Das Porto für einen Brief oder eine Postkarte innerhalb Europas beträgt 12 SEK (bis 20 g); Briefmarken *(frimärken)* kann man auch in vielen Tabak- und Zeitschriftenläden *(pressbyrån)* kaufen.

Taxi

Vom Stockholm Visitors Board werden folgende Taxiunternehmen empfohlen:
- Taxi Stockholm 150000, Tel. 08 15 00 00
- Taxi 020, Tel. 08 33 66 99
- Taxi Kurir Tel. 08 30 00 00

Telefon

Internationale Vorwahlen: Schweden +46, Deutschland +49, Österreich +43, Schweiz +41. Die Vorwahl für Stockholm ist 08. Bei Gesprächen aus dem Ausland lässt man die 0 weg.

Zoll

EU-Bürger dürfen Alkohol und Tabak zum persönlichen Bedarf zollfrei einführen, dabei gelten folgende Höchstmengen: 90 l Wein (davon max. 60 l Schaumwein), 110 l Bier, 10 l Spirituosen über 22 Vol.-% und 20 l unter 22 Vol.-%, 800 Zigaretten, 400 Zigarillos, 200 Zigarren und 1 kg Tabak.

Für Nicht-EU-Bürger gelten strenge Einfuhrbeschränkungen: 1 l Spirituosen (über 22 Vol.-%) oder 2 l Spirituosen, Aperitifs oder ähnliche Getränke (22 Vol.-% oder weniger) oder 2 l Schaumwein und 2 l Wein.

Nicht-EU-Bürger können sich für ihre Einkäufe unter bestimmten Bedingungen bei der Ausreise einen Teil der Mehrwertsteuer zurückerstatten lassen. Infos bei **Global Refund Blue Sverige AB**, Västmannagatan 8, Stockholm, Tel. 08 54 52 84 40, www.global-blue.com.

Gut zu wissen

- **Alkohol:** Alkoholische Getränke – außer Bier – gibt es ausschließlich in den sogenannten Systembolaget-Geschäften. Sie werden nur an Personen ab 20 Jahre verkauft. Die staatlichen Monopolgeschäfte haben in der Regel die gleichen Öffnungszeiten wie andere Geschäfte. Restaurants und Bars besitzen eine Schanklizenz für alkoholische Getränke.
- **Rauchen:** Seit Juni 2005 ist in Schweden das Rauchen in Restaurants, Cafés, Bars, Nachtclubs sowie allen öffentlichen Gebäuden verboten. Restaurants können aber separate Raucherzimmer anbieten.
- **Stadtrundfahrten/Sightseeing:** Für die Erkundung Stockholms auf eigene Faust ist die Stockholm Card › S. 20 perfekt.

Bei der Gesellschaft **Strömma**, die ursprünglich nur Schiffstouren anbot, sind inzwischen auch Stadtrundfahrten mit dem Bus oder Spaziergänge zu Fuß dazugekommen – alle auf Englisch, die meisten auch auf Deutsch. Bei einigen Stadtrundfahrten kann man im Hop-on-Hop-off System beliebig oft die Fahrt unterbrechen (www.stromma.se).

Das **Stadtmuseum** bietet Spaziergänge auf den Spuren von ABBA und den Kriminalromanen von Stieg Larsson an › S. 119.

Kostenlos sind die Stadtführungen von **Free Tour Stockholm**. Infos und Termine unter www.freetourstockholm.com
- **Trinkgeld:** In Schweden ist es nicht unbedingt üblich, Trinkgeld zu geben. Bei einem Restaurantbesuch am Abend oder einer Taxifahrt ist ein kleiner zusätzlicher Obolus aber durchaus angebracht.

Register

Abba 119, 124
Admiralitätsgebäude 85
af Chapman 87
Asplund, Gunnar 56, 130

Baden 42
Bellman, Carl Michael 68, 70, 76, 110, 114, **125**
Bellmanhus 125
Bergman, Ingmar 100, 134
Birger Jarl **46**, 73, 92
Birger Jarls torn 73
Birka 98, **132**
Blasieholmen 84
Blom, Fredrik 55, 116
Boberg, Ferdinand **81**, 114, 115, 124
Börjeson, John 100

Carl XVI. Gustav 47, 50, 51

Design 102
Djurgården 105
Djurgårdsfärjan 21, **73**
Dramaten 100

Ehrenstrahl, David Klöcker 72, 129
Eishockey 43
Eldh, Carl 88, 93, 125
Ericsson Globe 129

Fahrräder 22
Fjäderholmarna 132
Fjällgatan 124
Fjärils- & Fågelhuset 91
Forseth, Einar 92
Funktionalismus 56
Funk- und Fernsehturm 94
Fußball 43

Gamla stan 63
Gärten und Parks
- Berzelii Park 82
- Hagaparken 90
- Humlegården 101
- Kungsträdgården 50, **82**
- Ladugårdsgärdet 94
- Millesgården 127
- Nobelparken 95
- Rålambshovsparken 93
- Rosendals trädgård 116
- Skogskyrkogården 130
- Stadshuspark 93
- Tegnérlunden 88
- Vasaparken 90
- Waldemarsudde 114

Globen 43, 58, **129**
Grand Hôtel 23, **84**
Gröna Lund 114
Gustavianischer Stil 55, 91
Gustav II. Adolf 48, 72, 107, 109
Gustav III. 49, 55, 66, 75, 82, 90, 133
Gustav IV. Adolf 91
Gustav Wasa **48**, 72, 85, 90, 106, 133, 136, 137
Gyldene Freden, Den 70

Hazelius, Artur 106, 112
Helgeandsholmen 64
Hovstallet 100
Hultén, Pontus 86

Jantegesetz 53
Jogging 43
Jugendstil 56
Junibacken 106

Kaknästornet 94
Karl XIV. Johan 50, 116
Kastellholmen 87
Katarinahissen 119
Kinos
- Cino4 95
- Cosmonova 127
- Filmstaden Sergel 77

Kirchen
- Adolf Fredriks kyrka 88
- Finska kyrkan 67
- Gustav Vasa kyrka 90
- Katarina kyrkan 125
- Klara kyrka 76
- Maria Magdalena kyrka 121
- Riddarholmskyrkan 72
- Seglora kyrka 112
- Skeppsholms kyrka 85
- Sofia kyrkan 123
- St. Jakobs kyrka 82
- Storkyrkan 68
- Tyska kyrkan 71

Königliche Gemächer 66
Konserthuset 77
Kronprinzessin Victoria 51, 68, 91
Kulturhuset 80
Kungliga biblioteket 101
Kungliga myntkabinettet 67
Kungliga Operan 82
Kungsholmen 91
Kunsthallen
- Bonniers konsthall 89
- Liljevalchs konsthall 111
- Millesgården 127

Larsson, Carl 85, 100, 115
Larsson, Stieg 12, 119, 122
Lindgren, Astrid 90, 107
Lindh, Anna 50, 125
Linné, Carl von 95, 136, 137

Mälardrottningen 92
Mälarsee 132, 133
Malmsten, Carl 92, 103
Mariaberget 119
Mariefred 133
Milles, Carl 77, 106, 111, 114, **127**
Millesgården 127
Monteliusvägen 120
Mosebacke Terrassen 125
Munch, Edvard 89, 115
Museen
- Antikenmuseum von Gustav III. 66
- Aquaria Vattenmuseum 111
- Arkitekturmuseet 86
- Armémuseum 99
- Biologiska museet 110
- Dansmuseet 83
- Etnografiska museet 95

Register

- Fotografiska 124
- Historiska museet 98
- Judiska museet 90
- Leksaksmuseet 123
- Medelhavsmuseet 83
- Medeltidsmuseet 64
- Millesgården 127
- Moderna museet 86
- Museiparken 95
- Musik- och teatermuseet 99
- Nationalmuseet 84
- Naturhistoriska riksmuseet 127
- Nobelmuseum 69
- Nordiska museet 106
- Östasiatiska museet 86
- Polismuseet 95
- Postmuseum 71
- Riksidrottsmuseet 95
- Sjöhistoriska museet 95
- Spårvägsmuseet 123
- Stadsmuseum 119
- Stigbergets Borgarrum 124
- Strindbergsmuseet 88
- Tekniska museet 95
- Tobaksmuseet 113
- Tre Kronor 66
- Vasamuseet 107

Nationalbibliothek 101
Nationalromantik 56
Nationalstadtpark 51, **105**
Nicodemus Tessin der Ältere 55, 71, **119**, 121
Nicodemus Tessin der Jüngere 55, 66
Nordiska Kompaniet 81
Nobel, Alfred 69
Nobelpreisverleihung 77, 84, **92**
Norrmalm 76

Olympiastadion 43, **101**
Östberg, Ragnar 56, 93
Östermalm 94
Östermalms saluhall 98

Paddeln 42
Palais
- Bondeska palatset 71
- Hallwylska palatset 81
- Sagersche Haus 83
- Wrangelska palatset 72

Palme, Olof 50, **77**, 89
Pavillon Gustav III. 91
Plätze
- Hötorget 77
- Medborgarplatsen 121
- Mosebacke torg 125
- Östermalmstorg 98
- Sergels torg 80
- Stortorget 69
- Stureplan 101

Prins Eugen 92, **114**

Rådhuset 12, **93**
Restaurant Kvarnen 122
Riddarholmen 72
Riddarhuset 49, **71**
Riksdagshuset 64
Rosenbad 83

Schären 130, 132
Schatzkammer 66
Schiffe 21, 94, 95
- af Chapman 124
- Finngrundet 109
- Sankt Erik 109
- Vasa 48, 50, **107**

Schlösser
- Drottningholms slott 128
- Haga slott 91
- Gripsholm 133
- Kina slott 129
- Kungliga slottet 64
- Rosendals slott 116
- Skokloster 134

Schlosskirche 66
Schwedische Akademie 55, 69, 70
Sergel, Johan Tobias 55, 76, 88
Sigtuna 134
Skansen 112
Skeppsholmen 85
Skogskyrkogården 130
Skyview (Globen) 129
Slussen 51, **119**
Smedsuddsbadet 42, **93**
Södermalm 118
Söderhallarna 121
Södra Teatern 125
SoFo 122
Sommerlath, Silvia 50
Stadion 43, **101**
Stadshuset 13, 87, **91**
Stadtfähre 73
Stora Fjäderholmen 132
Straßen
- Bellmansgatan 12, 119
- Birger Jarlsgatan 101
- Drottninggatan 76
- Folkungagatan 122
- Götgatan 121
- Hornsgatspuckeln 119
- Norr Mälarstrand 94
- Strandvägen 100
- Strömgatan 83
- Sveavägen 77
- Västerlånggatan 68

Strindberg, August 57, 88, **89**, 100, 106, 125, 134
Stüler, Friedrich August 55, 84
Sturebadet 101
Sturegallerian 101

Taube, Evert 70, 121
Theater
- Drottningholms slottsteater 129
- Kungliga Dramatiska teatern 100
- Musikalteater Göta Lejon 121
- Stadttheater 59, **80**

Thielska Galleriet 115
Tranströmer, Tomas 57
Tucholsky, Kurt 134
Tunnelbana 21, 56

Uppsala 125

Vallée, Jean de la 71, 72, 125
Vasa (Schiff) 48, 50, **107**
Vaxholm 130

Wachparade 67
Waldemarsudde 114
Waldfriedhof 130
Wikinger 87, **98**, 132, 133, 135

Bildnachweis

Berns/Beatrice Bruteskog: 30; Bildagentur Huber/Stefan Damm: 8; Bildagentur Huber/Gräfenhain: U2-Top12-3; Bildagentur Huber/Hans-Peter Huber: 126; Bildagentur Huber/Susy Mezzanotte: 37; Bildagentur Huber/Picture Finder: 34; Dansmuseet/Jonas Melin, DIFFUS: 83; Fotolia/Tobias Preuß: 60; Getty Images/Pascal Le Segretain: U2-Top12-7; Historika Museet/Christer Åhlin: 98; Hotel J/Presse: 24; Image Bank Sweden/Anna Andersson: 13; Image Bank Sweden/Ola Ericson: 11, 92, 104, U2-Top12-12; Image Bank Sweden/Tuukka Ervasti: 38, 101; Image Bank Sweden/Nicho Södling: 44, U2-Top12-11; Image Bank Sweden/Henrik Trygg: 33; iStockphoto/adisa: 16; iStockphoto/Michael Cavén: 62; iStockphoto/Ola Dusegård: 5, 21, 42, 55, 59; iStockphoto/Britta Kasholm-Tengve: 77; iStockphoto/Anastasy Yarmobvich: 85; iStockphoto/Anna Yu: 51, 66; Kulturfestivalen Stockholm/Thomas Karlsson: 53; Kungahuset.se: 128; laif/Galli: 135; laif/hemis.fr/Franck Guiziou: 64; laif/Georg Knoll: 123, 124; laif/Michael Riehle: 136; laif/Martin Sasse: 10, 56, 87; laif/Wojtek BUSS: 129; laif/Pablo de Zurita: 102; LOOK-foto/age fotostock: 6, 67, 69, 72, 80, 133, U2-Top12-8; LOOK-foto/Hauke Dressler: U2-Top12-5; LOOK-foto/Elan Fleisher: 23, 40, 74; LOOK-foto/Jan Greune: 49; mauritius images/age: U2-Top12-2; mauritius images/Alamy/Frank Chmura: U2-Top12-6; mauritius images/Alamy/Peter Erik Forsberg: 70, 117, 119; mauritius images/Alamy/Stock Connection Blue: U2-Top12; mauritius images/iconotec: 15; mauritius images/Stephan Gabriel: 68; Nationalmuseum/Erik Cornelius: 84; Nationalmusem/Presse: U2-Top12-4; Nationalmuseum/Thielska Galleriet: 115; Christian Nowak: 27, 73; Postmuseum/Sven Tideman: 71; Stiftelsen Skansens/Marie Andersson: 111, 113; Wikimedia.Commons3.0-de/Holger Ellgaard: U2-Top12-10.

Polyglott im Internet: www.polyglott.de

Impressum

Wir freuen uns, dass Sie sich für einen Reiseführer aus dem Polyglott-Programm entschieden haben. Auch wenn alle Informationen aus zuverlässigen Quellen stammen und sorgfältig geprüft sind, lassen sich Fehler nie ganz ausschließen. Wir bitten um Verständnis, dass der Verlag dafür keine Haftung übernehmen kann. Ihre Hinweise und Anregungen sind uns wichtig und helfen uns, die Reiseführer ständig weiter zu verbessern. Bitte schreiben Sie uns:
GVG TRAVEL MEDIA GmbH, ein Unternehmen der GANSKE VERLAGSGRUPPE
Redaktion Polyglott, Harvestehuder Weg 41, 20149 Hamburg, redaktion@polyglott.de

Wir wünschen Ihnen eine gelungene Reise!

Bei Interesse an Anzeigen:
b.biersack@bayerwaldmedia.de, Tel. 09971 / 996 98-0

Herausgeber: GVG TRAVEL MEDIA GmbH
Redaktionsleitung: Grit Müller
Autoren: Rasso Knoller und Christian Nowak
Redaktion: Karen Dengler, Werkstatt München GbR
Bildredaktion: GVG TRAVEL MEDIA GmbH, Anja Dengler und Ulrich Reißer
Layout: Ute Weber, Geretsried
Titeldesign-Konzept: Studio Schübel Werbeagentur GmbH, München
Karten und Pläne: Theiss Heidolph und Kartografie GVG TRAVEL MEDIA GmbH, Hamburg
Satz: Anja Dengler, Werkstatt München GbR
Druck und Bindung: Stürtz Mediendienstleistungen, Würzburg

© 2012 by GVG TRAVEL MEDIA GmbH, Hamburg
Printed in Germany
Dieses Buch wurde auf chlorfrei gebleichtem Papier gedruckt.
ISBN 978-3-8464-0002-9

Langenscheidt Mini-Dolmetscher Schwedisch

Allgemeines

Guten Morgen.	God morgon. [gu‿**morr**on]
Guten Tag.	God dag. [gu‿**dah(g)**]
Guten Abend.	God afton. [gu‿**af**ton]
Hallo!	Hej [hej]
Wie geht's?	Hur är det? [hühr‿**eh** deh]
Danke, gut.	Bara bra, tack. [bahra **brah**, takk]
Ich heiße ...	Jag heter ... [jah **heh**tər]
Auf Wiedersehen.	Hej då. [hej‿**doh**]
Morgen	morgon [**morr**on]
Nachmittag	eftermiddag [**ef**tərmiddah(g)]
Abend	kväll [kwäll]
heute	i dag [ih‿**dah(g)**]
morgen	i morgon [ih‿**morr**on]
gestern	i går [ih‿**gohr**]
Sprechen Sie Deutsch / Englisch?	Talar du tyska / engelska? [**tah**lar düh **tüs**ka / **eng**əlska]
Wie bitte?	Ursäkta? [**ühr**schäkta]
Ich verstehe nicht.	Jag förstår inte. [jah **för**schtohr **in**tə]
Sagen Sie es bitte nochmals.	Säg det en gång till, är du snäll. [Bäj deh‿ehn gong **till**, eh düh ßnäll]
..., bitte.	..., är du snäll. [eh düh ßnäll]
Danke	Tack [takk]
Bitteschön.	..., var så god. [wah‿schoh **guh(d)**]
Keine Ursache.	Det var så litet. [deh wahr ßoh **lih**ta]
was / wer / welcher	vad / vem / vilken [wah / wem / **wil**kən]
wo / wohin	var / vart [wahr / wart]
wie / wie viel	hur / hur mycket [hühr / hühr **mükk**a]
wann / wie lange	när / hur länge [nähr / hühr **läng**ə]
Wie heißt das?	Vad heter det? [wah **heh**tər deh]
Wo ist ...?	Var är ...? [**wahr**‿eh]
Können Sie mir helfen?	Kan du hjälpa mig? [kann‿düh **jäl**pa mej]
ja	ja [jah]
nein	nej [nej]
Entschuldigen Sie.	Förlåt. [**för**loht]
Das macht nichts.	Det gör ingenting. [deh **jöhr** ingənting]
Gibt es hier eine Touristeninformation?	Finns det en turistinformation här? [finns deh ehn tüh**rist**informa**schuhn** hähr]

Shopping

Wo gibt es ...?	Var finns det ...? [wahr **finns** deh]
Wie viel kostet das?	Hur mycket kostar det? [hühr mükkə **kos**tar deh]
Wo ist eine Bank?	Var finns det en bank? [wahr finns deh ehn **bank**]
Geben Sie mir 100 g Käse / zwei Kilo Orangen.	Ge mig ett hekto ost / två kilo apelsiner. [jeh mej **ett** hektu **ust** / twoh chihlu appel**ßih**nər]
Haben Sie deutsche Zeitungen?	Har du tyska tidningar? [hahr düh **tüs**ka **tihd**ningar]
Wo kann ich telefonieren / eine Telefonkarte kaufen?	Var kan jag telefonera / köpa ett telefonkort? [wahr kann jah telefo**neh**ra / **chöh**pa ett telefohn**kurt**]

Essen und Trinken

Die Speisekarte, bitte.	Kan jag få matsedeln, tack? [kann jah foh **maht**ßehdəln, takk]
Brot	bröd [bröhd]
Kaffee	kaffe [**kaff**ə]
Tee	te [teh]
mit Milch / Zucker	med mjölk / socker [me‿**mjölk** / **ßokk**ər]
Orangensaft	appelsinjuice [appəl**ßih**njuhs]
Suppe	soppa [**ßopp**a]
Fisch / Meeresfrüchte	fisk / skaldjur [fisk / **skahl**jühr]
Fleisch	kött [chött]
Geflügel	fågel [**fohg**əl]
Beilagen	tillbehör [**till**behöhr]
vegetarische Gerichte	vegetariska rätter [wehgə**tah**riska **rätt**ər]
Eier	ägg [ägg]
Salat	sallad [**ßall**ad]
Dessert	efterrätt [**ef**tər·rätt]
Obst	frukter [**fruk**tər]
Eis	glass [glass]
Wein	vin [wihn]
Bier	öl [öhl]
Wasser	vatten [**watt**ən]
Mineralwasser	mineralvatten [mine**rahl**wattən]
Limonade	läskedryck [**läß**kədrükk]
Ich möchte bezahlen.	Jag skulle vilja betala. [jah skulla wilja be**tah**la]
Es war sehr gut / nicht so gut.	Det var mycket bra / inte så bra. [deh wahr mükkə **brah** / intə ßoh **brah**]